Bernhard Ka

Mauritius
Perle im Indischen Ozean

Eine Reiseerzählung

Impressum

© 2014 Bernhard Ka
Mauritius
Perle im Indischen Ozean
© Ernst Haft
Buchumschlag
Fotos
Herstellung und Verlag:
BoD – Books on Demand, Norderstedt
ISBN 978-3-7322-8989-9

**Zuerst wurde Mauritius geschaffen, dann das Paradies.
Aber das Paradies war nur eine Kopie von Mauritius.**

Mark Twain

Inhalt

Vorwort 7

1. Kapitel
Die Anreise 9

2. Kapitel
Die Ankunft 21

3. Kapitel
Die Liebschaft 49

4.Kapitel
Die Herzdame 67

Nachwort 97

Glossar 98

Karte von Mauritius

Vorwort

Meine erste Reise nach Mauritius, sollte mein Leben grundlegend verändern. Sie ist zwar schon etwas länger her, hat aber nichts an ihrer Aktualität eingebüßt.
Es ist der Beginn einer Folge von weiteren Reisen in dieses Land.
Dort habe ich meine liebenswerte Frau kennengelernt. Wir haben uns verliebt und sie ist zu mir nach Deutschland gekommen.
Ich erzähle ihnen, wie ich sie und ihre Familie kennengelernt habe.
Ich schildere ihnen meine Erlebnisse und Eindrücke in diesem Land.
Zwischendurch werde ich wissenswertes über die Geschichte der Insel anführen.
Kommen Sie mit auf diese Reise. Lassen sie sich inspirieren von Gewürzen, Düften, Sonne und Meer.
Ich wünsche ihnen viel Vergnügen beim Lesen.

Die Rezepte, der im kursiv geschriebenen Speisen, können sie in meinem Werk „*Küche Créole*" nachlesen (s. Anhang).

1. KAPITEL

Die Anreise

Der 27. Januar war kalt und mit grauen Wolken verhangen.
Ich bestieg an diesem Morgen mit meiner Tochter Julia das Flugzeug nach Paris, wo wir zwischenlanden mussten, auf dem Weg nach Mauritius.
Von dort aus waren es noch gute elf Flugstunden, zu unserem Endziel. Mit dem Aufenthalt in Paris, stand uns eine Reise von 17 Stunden bevor.
Nachdem wir die üblichen Kontrollen hinter uns gelassen hatten, suchten wir unsere Plätze im hinteren Teil des Fliegers auf.
Julia wollte natürlich am Fenster sitzen, während ich mich mit dem Platz am Gang zufriedengeben musste.
Nachdem der Flieger gestartet war und an Höhe zugenommen hatte, sahen wir, wie Berlin morgendlich erwachte.
Die Straßen, deren Laternen gerade ihre Lichter löschten und der beginnende Berufsverkehr.
Nach der Begrüßung durch den Flugkapitän, begannen die Stewardessen mit einem freundlichen Lächeln, die Frühstücksportionen auszuteilen.
„Möchten Sie Kaffee oder Tee?" fragte sie höflich.
„Für mich Kaffee, meine Tochter nimmt Tee."
Sie reichte uns die heißen Getränke und den Frühstückssnack.
Julia war verständlicherweise wegen der langen Reise etwas überdreht und löcherte mich ständig mit Fragen.
„Dauert es noch lange Papa, wann werden wir in Mauritius sein? Papa, wie hoch und wie schnell fliegen wir denn?"
Ich konnte ihr bei Gott nicht alle Fragen beantworten, versuchte aber beruhigend auf sie einzuwirken, indem ich ihr erklärte: „Wir sind bald da, es dauert nicht mehr lange."
Aus dem Fenster des Fliegers konnte man langsam die Konturen von Paris erkennen.

Uns wurde mitgeteilt, dass wir in wenigen Minuten landen würden. Wir schnallten uns an.
Der Kapitän verabschiedete sich von uns und 15 Minuten später war der Flieger auf dem Airport Charles de Gaulle gelandet.
Mit unserem Handgepäck bewaffnet, verließen wir die Maschine, um uns in das Gewirr aus Hinweisschildern und Monitoren einzufädeln.
Julia organisierte einen Trolley für unser Handgepäck. Weiter es ging zum Anschlussflug über endlose Laufbänder und durch zahlreiche Fahrstühle, zum internationalen Terminal des riesigen Flughafens.
Wenn Sie mal die Gelegenheit haben, über Charles de Gaulle zu fliegen, planen Sie genügend Zeit für das Umsteigen ein. Durch eine zu knapp berechnete Zeitspanne ist es durchaus möglich, dass Sie ihren Anschlussflug verpassen und es wäre schade, wenn sie unnötige Zeit Ihres Urlaubs dafür verschwenden, auf den nächsten Flieger zu warten.
Als wir endlich das entsprechende Terminal erreicht und das Gate gefunden hatten, nahmen wir im Wartebereich Platz.
Ich hatte schon länger darüber nachgedacht, wieder mal eine größere Reise zu unternehmen. Auf Dauer ist es in Berlin nicht auszuhalten. Es ist wirklich von Nöten, diese Stadt regelmäßig zu verlassen. Es waren Jürgen und Gerlinde, zwei alte Bekannte aus exzessiven Kneipenzeiten, die mich dazu anregten, mit ihnen zusammen nach Mauritius zu fliegen. Beiden fliegen seit Jahren regelmäßig auf die Insel. Sie bevorzugen den Norden und haben am Rande des Städtchens Grand-Bay, ein Grundstück mit einem kleinen Bungalow darauf. Ich war gespannt auf dieses Anwesen, auf dem ich mit Julia drei Wochen meines Urlaubes verbringen wollte.

„All passengers for the flight AF 286 to Mauritius, we apologize that the scheduled time of departure delays of two hours. Thanks for your attention."

Die Ansage schreckte mich aus meinen Gedanken auf. Die Maschine hatte Verspätung und wir mussten noch zwei weitere Stunden auf den Anschlussflug warten.

Im Wartebereich waren jetzt, bis auf wenige Ausnahmen, alle Sitzplätze von wartenden Passagieren besetzt.

„Papa, ich habe Durst", klagte Julia.

Da wir den Tee schon ausgetrunken hatten, musste ich einen „Fünfer" raus tun, mit der vagen Hoffnung, vielleicht davon etwas zurück zu bekommen.

Sie stiefelte los und war nach wenigen Minuten auch schon wieder da. In der einen Hand eine Büchse Cola, in der anderen eine Tüte Chips.

Sie setzte sich wieder hin und begann futternd ihre Chips zu vertilgen, nur unterbrochen von einem schlürfenden Schluck Cola, den sie zwischendurch zu sich nahm.

Nach Restgeld zu fragen ersparte ich mir, angesichts des Einkaufs, den sie getätigt hatte.

Vor dem Gate hatte sich eine ungeduldig wartende Menschenschlange gebildet, die darauf wartete, den Kontrollpunkt zu passieren.

Endlich kamen zwei junge Frauen vom Bodenpersonal, öffneten den Counter und begannen die Passagiere abzufertigen.

Ich wartete mit Julia noch ein paar Minuten, bevor wir uns in die immer kürzer werdende Warteschlange einreihten. Als wir den Counter passiert hatten, wurden wir freundlich von einer Stewardess am Eingang des Fliegers mit « *Bienvenu à bord* » begrüßt. Nach einem kurzen Blick auf unsere Bordkarten, wies sie uns die Sitzplätze zu.

Die Maschine war restlos ausgebucht und es herrschte eine angestrengte Betriebsamkeit.

Wir brauchten eine Weile, bis wir unsere Plätze erreicht hatten.

Julia sicherte sich wieder den Fensterplatz. Ich hatte den Mittelplatz, direkt neben ihr.
Nachdem ich das Handgepäck verstaut hatte, machte ich es mir auf meinem Sitzplatz bequem und harrte der Dinge, die da kommen würden.
Nach und nach hatten alle Passagiere ihre Plätze gefunden, die Hektik legte sich und langsam kehrte etwas Ruhe an Bord ein.
Wenige Minuten später setzte sich das Flugzeug in Richtung Startbahn in Bewegung.
Nach einem kurzen Stopp, fuhr der Jumbo langsam an, um immer schneller werdend, mit einer Startgeschwindigkeit von 360 km/h abzuheben.
Auf dem Monitor, konnte ich sehen, dass der Jumbo schnell an Höhe gewann und bis auf 10.000 m anstieg. Die Außentemperatur betrug – 45 C.
Unter uns wurde die französische Metropole immer kleiner. Wir durchflogen eine dicke Wolkendecke, die aussah wie ein aus weißer Watte gewebter, bauschiger Teppich. Durch das kleine Fenster offenbarte sich uns ein wunderschöner, gelbrötlich aussehender Sonnenuntergang.
Die Sonne blinzelte mit ihren letzten Strahlen zu uns herüber, bis sie endgültig am Horizont verschwand.

Mauritius gehört zur Inselgruppe der Maskarenen, benannt nach ihrem Entdecker, den Portugiesische Seefahrer Pedro Mascarenhas.
Vermutlich waren Portugiesen die ersten Menschen, die Anfang des 16. Jahrhunderts die Insel Mauritius betraten. Ihnen musste sich die Insel wie ein Paradies offenbart haben.
Sie war von tropischem Regenwald bewachsen und hatte eine vielfältige Pflanzenwelt.
Besiedelt von unzähligen Landschildkröten und den heute ausgestorbenen Dronten.
Ein flugunfähiger Riesenvogel, der in etwa so groß wie ein Truthahn war und keine Angst vor Menschen hatte.

Wappentier von Mauritius, ugs. Dodo genannt

Vorbeifahrende Seefahrer nutzten die Gelegenheit, ihre lange Reise zu unterbrechen, um sich mit Frischfleisch zu versorgen. Auf diese Weise wurden beide Tierarten innerhalb eines Jahrhunderts ausgerottet.

An einer Besiedlung der Insel hatten die Portugiesen kein Interesse.

Nach den Portugiesen entdeckten holländische Seefahrer die Insel für sich und erkannten den enormen Reichtum an Edelhölzern auf der Insel. Sie brachten die ersten Sklaven nach Mauritius.

Sie errichteten Siedlungen, rodeten die Wälder, um die Edelhölzer mit einer beträchtlichen Gewinnspanne nach Europa zu importieren. Nach nur einhundert Jahren hatten sie es geschafft, die Wälder auf der Insel gänzlich zu zerstören.

Anfang des 18. Jh. verließen die Holländer Mauritius.

Es folgten die Franzosen, die die Insel 1715 in Besitz nahmen und sie „Ile de France" nannten.

Sie betrieben eine Besiedlungspolitik und brachten Siedler aus Frankreich, Sklaven aus Madagaskar und Mosambik auf die Insel.

Frankreich entsandte 1735 den Gouverneur Mahé de Labourdonnais zur Insel, der maßgeblichen Anteil für den wirtschaftlichen Aufschwung der Kolonie hatte. Er ließ einen sturmsicheren Hafen, befestigte Straßen, Zuckerraffinerien und ein Regie-

rungsgebäude bauen. Nach einigen Jahren hatte sich Mauritius zu einem profitablen Wirtschaftsfaktor entwickelt.
Jetzt begannen auch die Engländer, sich für Mauritius zu interessieren. Im Jahre 1810 besetzten sie die Insel, nahmen sie für sich in Besitz und nannten sie Mauritius. Die Engländer kultivierten große Flächen der Insel mit Zuckerrohr, was einen weiteren wirtschaftlichen Aufschwung brachte.
Entgegen den Protesten der Plantagenbesitzer schafften die Engländer 1833 die Sklaverei ab, aber nicht ohne eine hohe Entschädigung an die Zuckerrohrproduzenten zu zahlen. Anstelle der Sklaven wurden nun Kulis aus Indien und China herbeigeschafft, die für ihre Arbeit sehr schlecht bezahlt wurden. Die Bevölkerung stieg in den nächsten Jahren rasant an und man zählte um die Jahrhundertwende auf Mauritius 750 000 Einwohner. Nach 150 Jahren englischer Herrschaft wurde Mauritius am 12. März 1968 in die Unabhängigkeit entlassen.
Heute leben etwa 1,2 Mill. Menschen auf der 1865 km² große Insel. Die Einwohner bestehen zu 70 % aus Indern, von denen sich der größere Teil zum hinduistischen und ein Teil von 17 % zum mohammedanischen Glauben bekennen.
25 % sind Christen und 5 % Chinesen. Die Regierung besteht aus einem demokratisch gewählten Parlament. Amtssprache ist Englisch.
Neben Französisch wird das volkstümliche Kreolisch gesprochen, deren Wortstamm der französischen Sprache entsprungen ist, unter dem Einfluss von Afrikanischen - Indischen Vokabeln. Sie wird von allen Mauritianern gesprochen.

Ein lautes Schnarchen ließ mich aus meinem leichten Schlaf erwachen. Die vollbusige Dame neben mir war in einen tiefen Schlaf gefallen. Ihren Kopf hatte sie zur Seite gedreht und blies mir ihren warmen Atem direkt in mein linkes Ohr. Mich plagte das Bedürfnis die Toilette aufzusuchen, um

mich überflüssigen Saftes zu entledigen. Julia hatte sich zusammengerollt in die Fensterecke gekuschelt und schlief wie ein Murmeltier. Ich versuchte unbemerkt an der schnarchenden Lady vorbeizukommen, was aber wegen des eingeschränkten Platzes unmöglich war. So blieb mir nichts weiter übrig, als sie durch einen sanften Stoß an ihren Oberarm aufzuwecken.
Sie blickte mich erschrocken an und ich fragte sie auf meinem holprigen Französisch,
«Pardon Madame, ce possible je passé?»
«Oui, oui, bien sûr», antwortete sie, erhob sich aus ihrem Sitz und gab mir den Weg frei.
Ich bedankte mich mit einem «Merci, Madame.» Mein Körper fühlte sich von der ungewohnten Schlafstellung steif an. Ich war froh, dass ich ein paar Schritte laufen konnte und mein Blutkreislauf wieder in Bewegung kam.
Vor der Toilette warteten schon mehrere Leute, die alle dasselbe Problem plagte. Geduldig wartete
ich, bis ich an der Reihe war. Endlich konnte ich die Tür hinter mir schließen und meine bis zum Platzen gefüllte Blase entleeren. Ich führte meinem Gesicht etwas Wasser zu, um meine Lebensgeister zu erwecken. Strich mir mit der Hand meine zerzausten Haare zurecht, um anschließend, dass unangenehm riechende Örtchen zu verlassen.
Im Gang traf ich Julia, die aufgewacht war und ebenfalls ihr Problem loswerden wollte.
„Na Julia, ausgeschlafen?"
„Nee, noch nisch so richtig, aber ich muss dringend auf die Toilette" und war schon im nächsten Moment an mir vorbei in Richtung Toilette.
Durch eine Ansage wurden wir aufgefordert, auf unseren Sitzen Platz zunehmen und uns anzuschnallen, weil mit Luftturbulenzen zu rechnen sei. Ich folgte der Anweisung, drängte mich an der vollbusigen Lady vorbei, nicht ohne nochmals einen Blick auf ihr großzügiges Dekolleté zu werfen, nahm gewohnte Sitzstellung ein und schnallte mich wieder an.

Ein paar Minuten später kam Julia und nahm ebenfalls wieder auf ihrem Sitz platz.
Das Flugzeug begann leicht hin und her zu schaukeln, auf und nieder zu wippen. Ich bekam ein ungutes Gefühl in der Magengegend und war froh, noch nicht gefrühstückt zu haben. Die schunkelnden Bewegungen verstärkten sich und ich kam mir vor wie auf einem Dampfer in unruhiger See, nur mit dem Unterschied, dass wir uns in 10.000 m Höhe befanden. In diesen Momenten fängt man an, sich an das *Vater unser* zu erinnern und es zu bedauern, dass man nicht öfter im Leben zum Gottesdienst gegangen war. Der ganze Spuk dauerte etwa 20 Minuten und ich konnte danach das *Vater unser* wieder auswendig.
Es waren noch 3000 km bis nach Mauritius, wie ich auf dem Bildschirm erkennen konnte. Langsam machte sich ein Hungergefühl in meinem Magen breit und ich fragte mich, wann es endlich etwas zu frühstücken geben würde.
Julia hatte auch Hunger und so warteten wir gemeinsam ungeduldig, bis die Stewardessen mit den Frühstücksportionen antanzten.
Endlich war es soweit. Sie begannen die kleinen Fresspakete auszuteilen.
Im Gegensatz zum ersten Flug war das Paket mit reichlich Wurst und Käse ausgestattet, vernünftiger Marmelade und einem lecker schmeckenden Joghurt. Selbst der Kaffee mundete akzeptabel.
Nachdem die Stewardessen den ganzen Müll wieder abgeholt und in ihren Containern verstaut hatten, lehnten wir uns mit vollem Bauch entspannt in unseren Sitzen zurück und warteten darauf endlich anzukommen. Mir fielen vom guten Essen die Augen zu und es überkam mich ein leichter Schlaf.
Ich weiß nicht wie lange ich geschlafen hatte. Als ich erwachte schimmerte die Sonne durch die heruntergezogenen Rollos. Ich blickte auf den Bildschirm und sah, dass wir nur noch 500 km von Mauritius entfernt waren, was bedeutete, dass wir in ca. 30 Minuten landen würden. Julia hatte das

Rollo hochgeschoben und das Fenster gab uns einen Blick auf den Türkisfarbenden Indischen Ozean frei. Die Sonne schien in einem strahlenden Weiß zu uns herüber. Die Maschine hatte noch eine Flughöhe von schlappen 4000 m und begann stetig zu sinken. Mit jedem Meter die die Maschine sank, wurde die Außentemperatur höher. Mauritius kam in Sicht. Der Flieger umkreiste die Insel von Norden her, weiter in Richtung Süden, um auf dem dort gelegen Flughafen zu landen. Zehn Minuten später waren wir auf der *Perle des Indischen Ozeans* angekommen.

2. Kapitel

Die Ankunft

Mauritius — schon der Name klingt zauberhaft, wobei mir der französische Name „Ile Maurice" (schöne Insel) weit aus besser gefällt, weil bei dem Klang dieser Worte, der Insel etwas Geheimnisvolles und Exotisches anhaftet.

Als wir das Flugzeug verließen, schlug uns feuchte warme Luft entgegen, die uns im ersten Moment den Atem nahm. Ich fing an zu schwitzen und wünschte mir nichts sehnlicher, als ein erfrischendes Bad im Ozean.

Wir schleppten unser Handgepäck, das mir jetzt doppelt so schwer vorkam, in die Empfangshalle, wo die Luft noch stickiger war und bei mir den nächsten Schweißausbruch auslöste.

Bevor wir die Passkontrolle passieren konnten, mussten wir noch einen Formular ausfüllen, mit Angaben zur Person, wie lange der Aufenthalt dauert und wo wir wohnen werden. Ich habe dummerweise bei der Frage nach meinem Beruf, Künstler geschrieben, was mir prompt nur zwei Wochen Aufenthaltsgenehmigung einbrachte.

Vor der Ankunftshalle wartete schon ein Taxi, das von Jürgen und Gerlinde geschickt worden war, um uns abzuholen. Außer dem Taxifahrer war noch Clency mit dabei, den Julia noch von ihrer ersten Reise nach Mauritius kannte. Clency war schon mal von Jürgen und Gerlinde drei Monate nach Deutschland eingeladen worden und konnte noch ein bisschen Deutsch sprechen. Er sprach, außer das einheimische Kreolisch, perfekt Französisch und Englisch. Er sollte die nächsten Wochen mein Begleiter und Freund werden.

Nachdem wir uns miteinander bekannt gemacht hatten, luden wir das Gepäck in den Wagen, um anschließend die letzte Etappe unserer Reise fortzusetzen. Vor uns lagen weitere 70 km Autofahrt, die wir, wenn der Verkehr es zuließ, in ca. 90 Minuten bewältigen konnten.

Von Süden aus, nahe der Stadt Mahébourg, wo der Flughafen der Insel liegt, fuhren wir über die gut ausgebaute Autostraße in Richtung Norden.

Vorbei an unendlich weiten, grünen Zuckerrohrfeldern, durchsetzt mit sekundärem Regenwald, fuhren wir auf der konstant ansteigenden Straße bis auf 600 m hoch, in das Landesinnere.

Wir passierten als erste größere Stadt Curepipe. Sie ist die am höchsten gelegene Stadt der Insel, weshalb es im Sommer nicht so heiß ist wie in den unteren Regionen. Von den Kolonialherren wurde sie deswegen als Sommerresidenz bevorzugt. Der Nachteil ist, dass es hier mehr regnet als auf dem restlichen Teil der Insel.

Zu beiden Seiten der Autostraße sahen wir jetzt bewaldete Berge auftauchen, die sich durch den mit strahlend weißen Wolken verzierten, azurblauen Himmel abhoben und mit ihren zackigen Kuppen sehr surrealistisch aussahen. Wir fuhren vorbei an dem Städtchen Phoenix.

Hier wird nach deutschem Reinheitsgebot ein exzellentes Bier gebraut.

Wir passierten Quatre Bornes und Rose Hill. Auf der letzten Anhöhe vor der Landeshauptstadt Port-Louis hatten wir ein imposantes Panorama auf den bläulich weiß schimmernden Indischen Ozean. Ab diesem Punkt verlief die Straße kurvenreich und führte unablässig bergab. Der Verkehr wurde jetzt immer stockender, bis es nur noch im Schritttempo voranging.

Port-Louis liegt in einer Talsohle.

Die Hitze wurde immer brütender, fast unerträglich. Mir lief der Schweiß den Rücken herunter und sammelte sich zwischen meinen Arschbacken.

Nachdem wir im Schneckentempo Port-Louis passiert hatten, fuhren wir die restlichen 25 km zügig nach Grand-Bay.

Wir wurden nach typisch mauritischer Art, auf das Herzlichste von Josette und ihrem französischem Mann Jean, willkommen geheißen. Ihr Grundstück schloss sich direkt an das von Jürgen und Gerlinde an. Josette war Mulattin und von daher sehr hellhäutig. Ich kannte sie schon mehrere Jahre. Durch einen Besuch, den sie 1986 in Berlin gemacht hatte, haben wir uns kennengelernt. Nun standen wir uns wieder gegenüber und dementsprechend groß war die Freude über das Wiedersehen.
Julia und ich waren ziemlich k. o. von der langen Reise und außerdem rochen wir stark nach Transpiration, sodass wir es vorzogen, uns erstmal zurückzuziehen, um uns unter die Dusche zu stellen und danach ein kleines Schläfchen im frisch bezogenen Bett zu machen.
Clency war uns noch behilflich das Gepäck in den Bungalow zu bringen. Er verabschiedete sich auch sogleich und wir verabredeten uns zum frühen Abend auf ein kühles Bier.

Das Grundstück von Jürgen und Gerlinde liegt unmittelbar an einem Zuckerrohrfeld und wird nur durch einen Weg begrenzt. Was dem Garten, der mit Chillibäumchen, Kokospalmen, Kürbis, Maniok, Lallo und Bananenstauden bepflanzt ist, etwas Freies und Ungezwungenes gibt.
Das Häuschen ist klein, hat allen Komfort und entspricht europäischen Standart. Es besteht aus einer Lounge, in der eine Küche integriert ist, einem kleinen Duschraum mit Toilette und einem separaten Zimmer, der als Schlafraum genutzt wird. Die Zimmer sind mit Rattanmöbel ausgestattet.
Vom Toaster über Kühlschrank, Kochherd, Kaffeemaschine bis hin zum Ventilator, war alles verfügbar, was man für einen angenehmen Urlaub brauchte. Selbst ein Radio mit Kassettenrekorder war vorhanden.
Was wollte ich mehr? Ich wollte mehr!
Doch dazu kommen wir später.

Jürgen hatte mir für die drei Wochen Übernachtung in ihrem Haus einen Freundschaftspreis gemacht, den ich gerne bezahlte.

Nach dem Duschen streckten Julia und ich uns erstmal auf dem bequemen Doppelbett aus und machten, bei leise sirrendem Ventilator, unseren wohl verdienten Schönheitsschlaf.

Als wir nach zwei Stunden wieder wach wurden, quälte uns ein unerträglicher Durst. Julia stand auf, um den Kühlschrank nach kalten Getränken zu inspizieren.

„Papa, willst du ein Bier oder lieber Wasser?"

„Ich nehme das Bier", antwortete ich.

Wir zogen uns dem Klima entsprechend, Shorts und T-Shirt über, um uns im nahe gelegenen Supermarkt mit Lebensmitteln einzudecken.

Das Angebot des Supermarktes steht gegenüber dem eines deutschen Ladens in nichts nach. Die Grundnahrungsmittel, Brot, Butter, Salz, Zucker, Tee, Milch und das Gemüse sind sehr billig. Bei den ausländischen Erzeugnissen wie Kaffee, Schokolade und Spirituosen muss man schon tiefer in die Tasche greifen, die Preise haben europäisches Niveau. Nur das einheimische Phoenix Bier und der mauritianische Rum machen da eine Ausnahme.

Ein Service des Supermarktes ist es, den Einkauf bis vor die Haustür zu fahren, wenn man für die Summe von 2000 Ruppies eingekauft hatte. Das stellte für uns kein Problem dar und so nahmen wir den Service gerne in Anspruch.

Mittlerweile war es früher Abend geworden und unsere Mägen fingen an zu knurren. Um unseren Hunger zu stillen beschlossen wir, das einheimische Restaurant *Chez Ram* aufzusuchen, das uns Josette empfohlen hatte und sich ein paar Straßen weiter befand.

Als wir das Lokal betraten, trafen wir Jürgen und Gerlinde, die dort Stammgäste waren. Nach der Begrüßung, nahmen wir an ihrem Tisch Platz. Das

Publikum war ein Gemisch aus Einheimischen und Touristen, die sich irgendwie alle kannten, wodurch eine gemütliche, private Atmosphäre entstand. Der Wirt ließ es sich nicht nehmen uns persönlich zu begrüßen und brachte uns zugleich die Speisekarte.
Jürgen bestellte bei der Gelegenheit, wie es seine Art war, eine Runde Bier für den Tisch.
Die Speisekarte wies ein üppiges Angebot an kreolischen Gerichten aus. Von *Curry Poulet* bis *Poisson Grillè* konnte man alles bekommen, worauf man Appetit hatte und die Preise waren nicht überteuert.
„Na Julia, hast du dich schon entschieden was du essen möchtest?"
„Ja, ich möchte das *Poulet Grillè*, aber mit Pommes und einer Cola."
„O. k. sollst du haben."
Ich bestellte ihr das Poulet und ich nahm *Poisson à la sauce Creole mit Basmati Reis* und dazu einen regionalen Rotwein.
Vor dem Essen wurde *Gadiac* serviert. Das ist eine kleine Vorspeise, bestehend aus frittierten Teigtaschen, die mit Gemüse, Hühnchen oder Fisch gefüllt sind. In etwa zu vergleichen mit unseren Häppchen in Deutschland, nur schmeckt es leckerer.
Das Essen wurde nach 20 Minuten ungeduldigen warten serviert. Schon der Anblick war ein Bild für sich. Es duftete köstlich nach allen möglichen Gewürzen. Ich begann meinen leeren Magen zu füllen und mein Gaumen produzierte verhältnismäßig viel Speichel, um die gut gewürzte, leicht scharf schmeckende Speise mit all seinen Zutaten zu identifizieren. Nach vollbrachter Sättigung, leerte ich noch ein paar Gläser Wein und entsprechend stieg mein Wohlbefinden.
In der Zwischenzeit war auch Clency eingetroffen. Er setzte sich neben mich und wir begannen ein intensives Gespräch zu führen, in dessen Verlauf wir uns näher kennenlernten.

Clency gehört den Kreolen an, nach den Indern die zweitgrößte Volksgruppe auf Mauritius, deren Vorfahren als Sklaven auf die Insel gebracht worden waren. Sie sind Christen, katholischen Glaubens.
Clency war 35 Jahre alt und der älteste von acht Geschwistern, vier Brüdern und drei Schwestern.
Er ist wie sein Vater von Beruf Maurer, aber auch versiert Elektro- und Klempnerarbeiten auszuführen. Er ist überhaupt ein patenter Kerl, weiß über viele Sachen Bescheid und hat eine unvergleichliche Art Geschichten zu erzählen. Alle Leute in Grand-Bay kennen und mögen ihn. Er stellte sich aber manchmal wie ein Dummkopf an, wie sich später noch herausstellen sollte.
Seine Zahnreihen wiesen schon erhebliche Lücken auf. Das rechte Auge blickte immer in eine andere Richtung, als das linke Auge. Was daher kommt, dass er als dreijähriger mit der Schere seiner Mutter spielte und die selbige sich dabei in das Auge rammte. Die Ärzte operierten vier Wochen lang an dem Auge herum, um es zu retten, was ihnen schließlich auch gelang.
Wie viele Mauritianer ging er gerne fischen, kannte gute Stellen, wo man *besonders große Fische* angelte. So beschlossen wir, gemeinsam in den nächsten Tagen fischen zu gehen.
Der Wein, das gute Essen und das lange Gespräch mit Clency hatten zusammen ihre Wirkung nicht verfehlt. Mich überfiel eine bleierne Müdigkeit. Ich hatte das dringende Bedürfnis, mich schlafen zu legen. Wir verabschiedeten uns aus der geselligen Runde und machten uns auf den Heimweg.
Die nächsten Tage verbrachten wir damit, uns zu akklimatisieren. Wir konnten nur mit einem leichten Short bekleidet und dem ständigen Rotieren des Ventilators einschlafen.
In den Monaten Dezember und Januar ist es Hochsommer auf Mauritius. Die Temperatur steigt am Tag gut und gerne auf 35 °C an, wobei ein steter Wind weht, der die tropische Hitze erträglich

macht. Nachts sinkt die Temperatur kaum unter 30 °C. Regen fällt meistens in der Nacht und dann auch nur in kurzen kräftigen Schauern, die ebenso schnell aufhören, wie sie angefangen haben. Aber auch am Tage ist man vor einem plötzlich aufkommenden Regenschauer nicht sicher.

Bei einem Spaziergang mit Julia durch die Zuckerrohrfelder, fing es plötzlich aus heiterem Himmel, wie aus Eimern, zu regnen an, um im nächsten Augenblick auch schon wieder aufzuhören. In diesem Moment wurde uns ein Naturschauspiel gewahrt, wie wir es in dieser Größe noch nie gesehen hatten. Durch die in der Luft vorhandenen Regentröpfchen bildete sich ein gigantischer Regenbogen, der sich in all seinen Spektralfarben majestätisch zeigte. Er hatte die Höhe von ungefähr 100 m und zwischen Ausgangs– und Endpunkt lag eine Distanz von ca. 10 km. Julia und ich kamen aus dem Staunen nicht mehr heraus und wir betrachteten dieses Naturereignis so lange, bis der Regenbogen langsam seine Farben verlor und zusehends verblasste. Tief beeindruckt setzten wir unseren Spaziergang weiter fort.

Auf den Zuckerrohrfeldern sahen wir überall, große Brocken von Basaltsteinen, die zu kleinen Hügeln aufgeschichtet worden waren.

Sie sind durch die Arbeit der Sklaven entstanden, die die Basaltsteine von den Feldern einsammelten und aufhäuften mussten, damit die Farmer weitflächig das Zuckerrohr anpflanzen konnten.

Heute zutage kann man Baufirmen anrufen, die diese Hügel abtransportieren, um anschließend Sand und Steine zum Häuserbau daraus herstellen.

Abschluss unseres Spaziergangs war wieder mal ein Besuch bei Jürgen und Gerlinde. Sie wohnten in einem großen, aus Basaltsteinen, repräsentativ für Mauritius, gebauten Haus. Es lag direkt am Strand und war für die Zeit ihres Aufenthaltes auf der Insel von ihnen angemietet worden. In der Regel kamen sie mit Bekannten oder Familienmitgliedern nach Mauritius, die ebenfalls in dem Haus wohnten und sie sich somit die Miete mit den anderen Gästen teilen konnten. Im Laufe der Jahre hatten sie mit vielen Mauritianern Freundschaft geschlossen, wodurch sie jeder in Grand-Bay und Umgebung kannte. Sie veranstalteten regelmäßig große Partys, bei denen alles was Rang und Namen auf der Insel hatte eingeladen wurde. Man kann sagen, sie lebten auf großen Fuß und waren sehr spendabel. Während dieser Zeit stieg der Umsatz der Phoenixbrauerei sprunghaft in die Höhe und der Wirt aus ihrem Stammlokal hatte alle Hände voll zu tun, den ständig abnehmenden Biervorrat wieder aufzufüllen. Dass ihnen ihr kleines Haus, was Julia und ich zur damaligen Zeit bewohnten, für ihre Ansprüche nicht ausreichte, wird wohl jetzt jedem einleuchten. Aber alles im Leben ist vergänglich und so fingen auch Jürgen und Gerlinde an, mit ihrem Geld sparsamer umzugehen. Sie ließen sich bereits ein Jahr später, ein etwas größeres Haus als bereits Vorhandenes, auf ihrem Grundstück bauen, in dem sie fortan ihren gemeinsamen Urlaub verbrachten.

Wir waren gerade beim Frühstücken, als Clency aufkreuzte. Ich bot ihm einen Stuhl und einen Kaffee an und lud ihm zum Frühstück ein. Er langte auch reichlich hin und fragte uns dabei mit vollem Mund, ob wir heute Lust hätten mit dem Boot zum Fischen raus zu fahren. Jürgen hätte was organisiert und um zehn Uhr würde es losgehen. Treffpunkt war bekanntes Haus von J. und G.
Na klar hatten wir Lust.
Ich aß in Ruhe mein angebissenes Brötchen auf, um anschließend die noch vorhandenen Krümel in meinem Mund mit dem Rest Kaffee in meiner Tasse herunterzuspülen. Julia hatte schleunigst den Tisch abgeräumt und fing beflissen an unsere Badesachen in ihren Rucksack zu stopfen.
„Vergiss nicht die Taucherbrillen und die Schnorchel mit einzupacken", erinnerte ich sie.

„Ist schon alles drin, mir fehlt nur noch mein Badeanzug. Weißt du, wo der geblieben ist?"
„Ich glaube der liegt im Kleiderschrank."
Sie öffnete den Schrank und fand ihn auch gleich obenauf.
Nachdem wir uns ein wenig frisch gemacht hatten, ging es auch schon los.
Als wir bei J. u. G. ankamen, war Louis, der Besitzer des Bootes, dabei den Außenbordmotor am Heck zu befestigen. Louis ist indischer Abstammung und schon viel in der Welt herumgekommen. Er spricht ein ganz passables Deutsch und ist ein langjähriger Freund von J. u. G. Er hat ein schlichtes Boot mit einem aus Zeltplane bestehendem Verdeck, in dem ohne Weiteres zehn Personen Platz haben. Er verdient sich seinen Lebensunterhalt mit Bootsfahrten, die er mit Urlaubern rund um die Insel macht. Standardmäßig gibt es bei solchen Ausflügen ein üppiges Barbecue, was aus frischem Fisch, Hühnchen, Salat und Brot besteht.
Zu Trinken gibt es Rum, Bier, Cola oder Wasser.
Wir verzichteten auf das Barbecue, weil wir mehr am Fischen und Schnorcheln interessiert waren. Grillen wollten wir nach der Ausfahrt den Fisch, den wir hoffentlich fangen würden.
Als wir, J. u. G., Clency, Antonio, ein Freund von Louis, Julia und ich im Boot Platz genommen hatten, schipperte Louis mit seinem Kahn los, Richtung offenes Meer. Clency hockte vorne am Bug, um Louis mit Handzeichen durch die Passagen des Riffs zu lotsen. Hier war das Wasser noch ziemlich flach, leicht grünlich schimmernd, sodass wir bis auf den Meeresgrund blicken und deutlich das Riff erkennen konnten.
Wir fuhren westlich vorbei am langen, weißen Strand von Mont Choisy, der von unzähligen Filaobäumen gesäumt ist. Plötzlich sprang ein Fisch aus dem Wasser und flog etwa 100 m weit durch die Luft, um dann wieder im Ozean einzutauchen.
Zu meiner großen Freude hatte ich das erste Mal

in meinem Leben einen fliegenden Fisch gesehen. Weiter ging die Fahrt aufs offene Meer hinaus, das immer dunkelblauer wurde, je weiter wir raus fuhren. Clency hatte ein paar Angeln nach mauritianischer Art präpariert. Sie bestanden aus einer Nylonschnur, an deren Ende sich der Haken und etwas weiter oben ein Stück Blei befand, die auf einer Plastikflasche aufgerollt war. Eine sehr primitive, aber effektive Angel. Passionierte Angler würden nur lächelnd mit dem Kopf schütteln, wenn sie solch ein seltsames Angelgerät sehen würden. Die eigentliche Kunst besteht darin, die Leine ins Wasser zu befördern. Dafür wird die Schnur ca. einen Meter von der Plastikflasche abgerollt und über dem Kopf wie ein Helikopterblatt geschwungen, um sie nach erreichen der benötigten Geschwindigkeit los und ins Wasser fliegen zu lassen. Eine Kunst, die ich bis heute nicht beherrsche und nie beherrschen werde.

Zu oft ist mir die Leine um die Ohren geflogen und der Haken hat sich im Ohr oder sonst wo an einer Stelle meines Körpers verfangen. Clency aber beherrscht diese Technik meisterhaft. Er war es auch, der die Angeln für uns ins tief blaue Meer versenkte, während das Boot gemütlich weiter tuckerte.

Julias Plastikflasche war die Erste, die anfing sich zu bewegen. Ein Zeichen, das sich ein Fisch an der Leine befand, die sie in aller Eile einholte.

Wir staunten nicht schlecht, als wir sahen was für einen dicken Fisch Julia an der Angel hatte. Es war ein ca. 50 cm langer und etwa zwei Kilo schwerer *Rouget*, ein besonders schmackhafter und von den Einheimischen gern gegessener Fisch. Julia war stolz wie Oskar, dass sie als Erste so einen dicken Brocken herausgeholt hatte. Sie zeigte ihn der staunenden Runde, die den Fang etwas scheel und lapidar mit „Anfängerglück" kommentierten, währen ich alles mit meiner Filmkamera auf Zelluloid festhielt.

Auf der fortdauernden Fahrt hatte der Eine oder Andere das Glück, noch weitere Fische zu angeln, sodass es für ein üppiges Abendbrot reichte.
Louis steuerte das Boot in seichtere Gewässer und machte vor einem Korallenriff halt. Es war an der Zeit ein erfrischendes Bad zu nehmen. Ich stülpte mir Taucherbrille und Schnorchel über und tauchte ein in eine mir bisher unbekannte Unterwasserwelt. Durch das klare Wasser eröffnete sich mir ein farbenprächtiger Anblick der verschiedenartigsten Korallenarten und Korallenfische. Zwischen rötlich schimmernden Rosen- und bläulich glänzenden Pilzkorallen, sah ich Papageien-, Süßlippen – und Rotfeuerfische. Es war beeindruckend, diese Unterwasserwelt aus nächster Nähe zu betrachten. Ich hatte so etwas vorher nur im Aquarium oder in zoologischen Geschäften gesehen.
Nach einer Stunde Aufenthalt am Riff, setzten wir unsere Fahrt in Richtung Heimathafen fort.
Es war ein schöner Tag gewesen und mit der in blutorange gefärbten, untergehenden Sonne liefen wir in die Bucht von Grand-Bay ein. Sonne und Wind hatten uns ziemlich ausgelaugt und so krochen wir nach dem Abendbrot hundemüde ins Bett, um sogleich in einen tiefen Schlaf zu fallen.

Mauritius ist während der zwei Monate Hochsommer paradiesischer als in allen anderen Monaten des Jahres. Es ist die Zeit, in der die Mangos reiften, sie es in Hülle und Fülle, in Gelb-, Grün- oder Rottönen gibt.
Sie liegen in den Straßen verstreut auf dem Boden und kein Mensch macht sich die Mühe sie aufzusammeln. Die mächtige Krone des hohen Baumes spendet viel Schatten und ist ein idealer Platz, um sich in der sengenden Mittagshitze auszuruhen.
Die verschiedenen Sorten sind facettenreich in ihrem Geschmack, vergleichbar mit den unzähligen Apfelsorten in Deutschland. Jeder Mauritianer rühmt sich den besten Mangobaum, mit den schmackhaftesten Früchten, in seinem Garten zu

haben. Die Frauen sind in dieser Zeit sehr damit beschäftigt, aus den unreifen Früchten, *Mango Achard*, *Mango Coutia* für das ganze Jahr einzulegen, was zum Hauptgericht als Beilage serviert wird. Eine andere Variante ist es, Mango mit Chili zu essen. Der süße Geschmack der Mango in Verbindung mit scharfem Chili ist ein Hochgenuss.
Gleiches sollten Sie mal mit Ananas probieren.
Es ist auch die kurze Saison der Litchis. Eine weißfarbene, mit einem großen Kern versehende, süß schmeckende Frucht, umgeben von einer rötgelblichen, rauen, harten Schale. Sie wird an jeder Straßenecke von Einheimischen verkauft und eigneten sich bestens als Zutat an einen *Tropischen Obstsalat.*
Eine weitere erfrischende und schmackhafte Köstlichkeit ist die grün gelblich aussehende Papaya. Ihr süßlich, wohlschmeckendes, orange Fruchtfleisch, ist ein wahrer Genuss für jeden Gourmet und sollte bei keinem Einkauf fehlen. Ich habe auf dieser Reise Papayas von der Größe eines Kürbisses gesehen und gegessen.
Die zuckersüß schmeckenden Ananas und Bananen gibt es das ganze Jahr über und sind mit den unreifen Importen, die in Deutschland angeboten werden, geschmacklich nicht zu vergleichen.
Erwähnen möchte ich noch die Kokosnuss, die entsprechend ihrer Reifephase unterschiedlich schmeckt.
Sie werden die Nüsse aus dem Supermarkt kennen, wo sie faserig, braun aussehend angeboten werden, das Fruchtfleisch schon hart ist und trocken schmeckt und das Kokoswasser sehr an Geschmack verloren hat, wenn es eh nicht schon vergammelt ist.
Eine junge Kokosnuss dagegen hat weiches Fruchtfleisch und ihr Saft schmeckt hervorragend. Er eignet sich bestens zum Kurieren von Magenbeschwerden und zur Entgiftung des Körpers. Die Nuss zu ernten, ist in der Regel nicht einfach, weil die Früchte ziemlich weit oben, unterhalb der Pal-

menblätter hängen. Überlassen Sie es den Einheimischen, die Nüsse für Sie herunter zu holen. Sollten Sie die Gelegenheit haben, eine frisch geerntete Nuss in den Händen zu halten, stehen Sie vor der etwas schwierigen Aufgabe an den schmackhaften Kern heranzukommen. Eine dicke, faserige, gelbe Schale umhüllt den selbigen und es gelingt nur mit Hilfe einer Machete, diese zu entfernen. Es macht zwar viel Arbeit in den Genuss dieser Frucht zu kommen, aber Sie werden belohnt mit einem köstlich, süß schmeckenden Saft und einem bekömmlichen zarten, weichen Fruchtfleisch.
Fällt die Kokosnuss selbst von der Palme, ist sie ihm Endstadium ihrer Reife und kann monatelang aufbewahrt werden, ohne dass sie verdirbt. Lediglich das Fruchtwasser verliert seinen Geschmack, dann ist sie in dem Zustand, wie Sie sie aus dem Supermarkt kennen. Aus dem harten Fruchtfleisch lässt sich ein köstlich schmeckendes *Satini Coco* zubereiten, das ebenfalls zum Essen serviert wird. Die Kokosmilch wird aus dem Fruchtfleisch gewonnen.
Ein weiterer Höhepunkt im Sommer sind die überall in Blüte stehenden Blumen. Ob der orange- rosa-, gelb-, pinkfarbene Hibiskus, die fantastisch, rotgelbliche aussehende Héliconia, die vielfarbige Bougainvillea oder die in weiß lila Blüten blühende Laurier. Es ist ein Festival der Düfte und eine nimmersatte Freude für die Augen, dieses reichhaltige Farbenmeer zu betrachten.
Ganz besonders hervorheben möchte ich den Flamboyant (farbenprächtig). Ein Baum von graziösem Wuchs, dessen lichte Krone sich leicht pilzförmig über seinem Stamm entfaltete und in seiner Blüte hellrosa bis purpurrote Blütenblätter hervorbringt, die mit seinen feinen, hell bis dunkelgrünen Blättern zusammen, ein wundervoller, schöner, erhabener Anblick waren, von dem ich mich nicht leicht abwenden konnte, je länger ich ihn betrachtete.

Er wurde mein absoluter Lieblingsbaum auf der Insel, weil für mich, ihn nichts an Farbintensität übertrifft. Leider blühte er nur einmal für kurze Zeit im Jahr.

Es war an der Zeit, mein Visum zu verlängern. Aus diesem Grund musste ich nach Port-Louis, wo sich im Stadtzentrum die Ausländerbehörde befand. Ich wollte gleichzeitig die Gelegenheit nutzen, die Hauptstadt des Landes ein wenig näher kennenzulernen.
Julia hatte keine Lust mitzukommen und zog es vor, Schwimmen zu gehen.
Jean, der Mann von Josette, begleitete mich, weil er sich bestens in der Stadt auskannte. Die Behörde befand sich in den Line Barracks, ein Gebäude aus der Kolonialzeit, in dessen niedrigen Räumen die stickige Luft stand und ich zu ersticken drohte. Ein paar altersschwache Ventilatoren an der Decke, die müde ihre Flügel kreisten, konnten nicht für eine ausreichende Luftzirkulation sorgen. Die Gänge waren voll mit Menschen, in denen es nach kaltem Nikotin und alten Schweiß roch. Wir nahmen auf einer zerbrechlich aussehenden Sitzbank Platz und warteten, bis wir an der Reihe waren. Nach einer guten Stunde in der brütenden Hitze, in der wir bis aufs Hemd durchgeschwitzt waren, rief uns der Officer in sein Büro.
Jean wechselte ein paar Worte auf Französisch mit ihm, woraufhin er sich meinen Pass und mein Flugticket anschaute. Er fragte mich auf Englisch, wie viel Geld ich dabei hätte und wie lange ich in Mauritius bleiben wollte. Ich gab bereitwillig Auskunft über meine Barschaft und das ich vorhatte, noch drei weitere Monate zu bleiben. Der Officer kopierte das Flugticket und meinen Pass, machte sich noch ein paar Notizen, um mir anschließend mitzuteilen, dass er sich telefonisch melden werde. Einen weiteren Visumstempel bekam ich nicht in meinen Pass. Die Angelegenheit war damit erst-

mal erledigt und ich verließ erleichtert das Büro. Auf den Anruf warte ich heute noch.

Ich trennte mich danach von Jean, um im Alleingang Port-Louis zu erkunden. Ich schlenderte durch die mit Menschen überfüllten Straßen, in denen sich die Straßenhändler, wie auf einer Perlenkette aufgezogen, aneinanderreihen, um ihre Ware anzupreisen. Hier konnte man vom Schnürsenkel, über Haarkämme, Steckdosen, Ohrenstäbchen, T-Shirts, bis hin zum Küchenmesser und Räucherstäbchen alles bekommen was man im Haushalt braucht.

An fast jeder Ecke standen Mofas, deren Besitzer auf dem Sozi kleine durchsichtige Vitrinen befestigt hatten, aus denen sie *Roti* oder *Dhallpouri* hervorholten, die sie löffelweise mit verschiedenen Soßendips füllten. Zusammengerollt und in Papier verpackt, wurden sie für wenige Ruppies, an die hungrig wartende Kundschaft abgegeben.

Diese dünnen Fladen sind ein sehr schmackhafter Snack für zwischendurch und werden von allen Mauritianer gerne gegessen.

Ein Stück weiter standen weitere Verkäufer mit ihren Handwagen aus denen sie, gut gekühlt, Alouda-, Tamarin- und Limonensaft verkauften.

Port-Louis gleicht einem Termitenhügel. Menschen verschiedenster Kulturen drängen sich durch die engen, überfüllten Straßen. Da geht die moslemische Frau, teilweise oder ganz verschleiert, neben dem chinesischen Geschäftsmann im konservativen, grauen Anzug. Die Inderin im traditionellen, türkisfarbenden Sari, hinter den modern gekleideten, kreolischen Frauen. Zwischendrin sieht man am Straßenrand hockend, in dreckige Lumpen gehüllte Bettler, die um ein Almosen betteln.

Der Lärm des Verkehrs ist unerträglich.

Die unzähligen Autos schleichen im Schritttempo durch die viel zu engen Straßen und verpesten mit ihren Abgasen das letzte Quäntchen saubere Luft.

Es ist ein Gewimmel und Durcheinander von Jung

und Alt, kaufen und verkaufen, essen und trinken, sitzen und hasten, bunt und trist, Sonne und Schatten. Es gibt in dem Sinne keine Flaniermeile wie in anderen Städten, wo man sich mal hinsetzen kann, um in Ruhe einen Kaffee zu trinken oder ein Eis zu essen. Obwohl es eine Hafenstadt ist, kann sie für die Nacht kein Amüsierviertel aufweisen. Nachts ist die Stadt das krasse Gegenteil, als am Tag. Sie ist wie ausgestorben. Die einzige Ausnahme ist eine große belebte Straße, wo Händler stehen, um an Taxifahrer und Nachtschwärmer warmes Essen zu verkaufen.
Tagsüber ist Port-Louis viel zu heiß und viel zu hektisch, um es dort länger als eine Stunde auszuhalten. Man sollte in diese Stadt nur gehen, wenn man wirklich etwas Wichtiges zu erledigen hat. Bleiben Sie an ihrem Urlaubsort, genießen Sie die Ruhe und die kühlen Drinks.
Das einzige Sehenswerte in Port-Louis ist der Markt mit seiner unmittelbaren Umgebung, wo massenhaft Straßenhändler stehen, die ihren Ramsch anbieten und eine geschäftige Hektik herrscht. Es ist ein Gewusel und Gedrängel, Geschreie und Gebote.
Der eigentliche Markt ist in vier Hallen aufgegliedert. Eine für den Verkauf von Fisch, die andere für Fleisch und Geflügel. In der dritten Halle kann man alles Mögliche an Haushaltswaren, Gewürzen und Souvenirs bekommen. In der letzten Halle sind die Gemüse- und Obsthändler ansässig. Für mich war es die schönste Halle. Schon beim Betreten fühlte ich das Flair und den Charme, den dieser Ort versprühte. Es war wie ein Schritt zurück in die Kolonialzeit.
Das ganze Gemüse und Obst war wie aus einem Guss an den Ständen pyramidenförmig aufgebaut und wurde ständig mit frischem Wasser besprengt. Die feuerroten Tomaten neben den aufgeschnittenen, orangen Kürbissen. Die gelben, dicken Gurken lagen neben den erdfarbenen Kartoffeln. Satt grüne Salate stapelten sich neben dunkel lila Au-

berginen, Mohrrüben neben Zwiebeln, reife Bananen zwischen grünen Äpfeln und gelben Pampelmusen. Dazwischen der weiße, aromatische Knoblauch, dunkelgrüner, duftender Thymian und frischer, wohlriechender, wiesengrüner Koriander. Es war ein Gemisch aus Farben und Gerüchen, der mich gefangen nahm und nicht mehr los ließ.
Die Händler priesen lautstark ihre Waren an und es war ein Handeln und ein Feilschen zwischen Käufer und Verkäufer.
Leider wurde diese Halle in den letzten Jahren saniert, sodass sie ein wenig an Ausstrahlung und Atmosphäre eingebüßt hat.
Nachdem ich ein paar Gemüse und Obst eingekauft hatte, wollte ich mich in der gegenüberliegenden Halle, wo es Hemden, Taschen und allen möglichen Schnick Schnack zu kaufen gab, in Ruhe ein wenig umsehen, um vielleicht das Eine oder Andere Stück zu kaufen. Mit der Ruhe war es weit gefehlt. Schon am Eingang fielen die Händler über mich her, wie die Fliegen auf die Scheiße. Jeder wollte mich in seinen Kabuff zerren und mir irgendwas aufs Auge drücken. Nur mit Mühe konnte ich mir die aufdringlichen Verkäufer vom Halse halten. Es war nicht möglich auch nur eine Minute sich etwas anzusehen, um es vielleicht zu kaufen. Immer wieder wurde ich am Arm gezerrt, mit der Aufforderung in ihren Shop zu kommen. Es war unerträglich für mich und so habe ich nach nur fünf Minuten Aufenthalt, diese Halle fluchtartig verlassen und lange nicht mehr betreten.

Gegenüber vom Markt liegt das Postmuseum, dessen Gebäude, wie so viele in Port-Louis, aus der Kolonialzeit stammt. Hier befindet sich, streng bewacht, die *Blaue Mauritius*, die wertvollste und somit die teuerste Briefmarke der Welt.
Es begab sich anno 1845, das Lady Gomm, die Frau des englischen Gouverneurs Sir William Gomm, anlässlich eines Balls, Einladungen drucken ließ. Aus gegebenem Anlass sollte eine neue

„Two Penny" Briefmarke gedruckt werden, die die Einladungskarten schmücken sollten. Die Gestaltung der Marke überließ man weitgehend dem Postmeister, der den Fehler machte, „Post Office" statt „Post Paid" in den Druckstock zu gravieren. Somit hatte er die Grundlage für die wertvollste Briefmarke der Welt geschaffen.
Bei einem Besuch im Postmuseum können Sie sich das kostbare Stück anschauen, es wird aber nur eine Kopie gezeigt. Das Original wird zu jeder Stunde zehn Minuten präsentiert, um danach wieder in der Versenkung zu verschwinden.
Mit dem Expressbus bin ich wieder zurück nach Grand-Bay gefahren, um mich in abgeschiedener Idylle von dem Stress in Port-Louis zu erholen.

Für den nächsten Tag hatten Julia und ich geplant, einen Ausflug in den botanischen Garten von Pamplemousses zu machen. Änderten aber kurzfristig dieses Vorhaben, um mit der ganzen Clique von J. u. G. nach Tamarin zu fahren. Dort gab es nämlich eine kleine Sensation zu bestaunen. Ein Seeelefant hatte offensichtlich die Orientierung verloren und war dort gestrandet. Ganz Mauritius war auf den Beinen, um sich diese Attraktion anzusehen. Wir mieteten kurzfristig einen Bus und ab ging die Fahrt in den Süden der Insel.
Von Weitem merkten wir schon, wie groß das Interesse an diesem Ereignis war. Die Straße war von beiden Seiten mit Autos zugeparkt, sodass wir die letzten 200 m zu Fuß gingen. Einen kleinen Weg folgend, näherten wir uns bis auf 50 m an die Stelle, wo der Seeelefant lag. Mauritianische Tierschützer sperrten den Platz weiträumig ab, um allzu neugierige Besucher fernzuhalten. Das Tier wurde immer wieder von den Tierschützern mit Wasser übergossen, damit es nicht austrocknete.
Ich fand es sehenswert so ein Tier mal in freier Natur und aus nächster Nähe betrachten zu können. Wie wir später aus den Nachrichten erfahren hat-

ten, hatte sich der Seeelefant wieder aufgerappelt und ist in sein feuchtes Element zurückgekehrt.
Wir kauften den fliegenden Händlern noch ein paar geschälte Ananas ab. Anschließend fuhren wir zurück an den schönen, weißen Strand von Flic Flac, wo wir uns in das kühle klare Meer stürzten.
Nachdem wir ausgiebig gebadet hatten, nutzten wir die Gelegenheit dem Casela Bird Park, der nur einen Katzensprung von Flic en Flac entfernt liegt, einen Besuch abzustatten.
Der Park beherbergt tropische Vogelarten aus der ganzen Welt. Die Vögel sind in großzügigen Vogelhäusern untergebracht, in denen keine Pflanzen intrigiert sind. Die Vögel hocken auf einer Stange und geben ein ziemlich klägliches Bild ab.
Der Besuch im Park hatte für mich etwas bedrückendes, all die schönen, bunten Vögel eingesperrt zu sehen. Ich war froh, als ich den Park wieder verlassen konnte.
Nachdem wir uns an einem kleinen Imbiss mit ausreichend *Gateau légume* und Cola eingedeckt hatten, um unseren Hunger und Durst zu stillen, fuhren wir mit beginnender Dämmerung zurück nach Grand-Bay.
Am Vormittag des nächsten Tages machten Julia und ich uns auf den Weg nach Pamplemousses, wo sich der der älteste Botanische Garten in der Südlichen Hemisphäre befindet.
Wir fuhren mit einem klapprigen alten Bus, über Triolet, direkt bis vor das imposante Portal des Gartens.
Hier stand eine Vielzahl von Männern herum, die darauf warteten, ankommenden Touristen für ein kleines Geld, durch den Garten zu führen. Wir verzichteten auf diesen Service, weil unser Interesse an der Botanik doch nicht so groß war, um dafür einen Führer zu nehmen, der alle Pflanzen mit Namen kannte und ihre Beschaffenheit im Detail erklärte. Wir hatten einfach Lust spazieren zu gehen, um die Ruhe und den Anblick der Pflanzen zu genießen.

Sehr sehenswert sind die riesigen Wasserlilien, die mit ihren einen Meter Durchmesser umfassenden, am Rand etwas hoch stehenden, grünen Blättern sehr imposant aussehen. Zwischen alten Banyan Bäumen und hohen Ravinala Palmen hindurch, konnten wir auf den kleinen asphaltierten Wegen den Garten bequem durchstreifen. Der Garten ist einer der artenreichsten der Welt. Sein Areal umfasst eine Fläche von etwa 37 Hektar und ist sehr schön in die Umgebung eingepasst. Man kann einen sehr erholsamen Spaziergang machen oder sich auf einer Wiese, im Schatten der Bäume, hinlegen und dem Zwitschern der Vögel zuhören.
Der Park ist ein beliebter Treffpunkt für Verliebte, was ich mir später selbst zu nutzen machte.
Einen kleinen Teil des Gartens hatte man eingezäunt und riesige Landschildkröten angesiedelt.
In den letzten Jahren sind noch zusätzliche Gehege gebaut worden, in denen unzählige Rehe eine neue Heimat gefunden haben, und die zum Vergnügen der Kinder, gefüttert werden können.

Der französische Gouverneur Mahé de Labourdonnais lies ursprünglich den Garten anlegen, um Gemüse anzupflanzen, der den Bedarf in Port-Louis decken sollte. Sein Nachfolger Pierre Poivre hatte das Ziel, Pamplemousses in einen Gewürzgarten umzuwandeln, um somit das Gewürzmonopol der Holländer zu stürzen. Seine Idee war es Zierpflanzen anzubauen, um sie nach Europa zu exportieren. Dieses Unternehmen gelang ihm auch und so wurden tropische Pflanzen an alle königlichen Höfe Europas verschickt. Erstmalig blühte 1775 eine Gewürznelke auf Mauritius, die Voraussetzung dafür war, das holländische Gewürznelkenmonopol zu brechen.
Einen faden Beigeschmack hatte der so schön begonnene Spaziergang doch noch. Als wir die vorgegebenen Wege verließen, um die etwas entlegenen Stellen des Parks zu durchkreuzen, fielen uns Stellen auf, wo sich etlicher Unrat angesam-

melt hatte. Ein Manko der Mauritianer ist es, nach ihren ausgiebigen Picknicks, ihren Müll einfach liegen zu lassen.

Nach dem Motto „Müll zu machen ist nicht schwer, ihn weg zu machen dagegen sehr".

Es fehlt ihnen jegliches Umweltbewusstsein. Ein Problem, dass nur durch eine intensive Propaganda für den Umweltschutz zu ändern ist und großen Nachholbedarf hat.

Nach Beendigung unseres Rundganges durch den Garten hatten wir vor, eine kleine Mahlzeit zu uns zu nehmen. In der Nähe fanden wir eine Lokalität mit dem Namen „Wiener Café". Julia und ich guckten uns verdutzt an.

„Ist das ein Witz oder steht da wirklich Wiener Café?", fragte mich Julia.

„Es ist kein Witz, lass uns mal reingehen", antwortete ich.

Das Café war geschmackvoll mit Rattanmöbel eingerichtet. Wir setzten uns an einen der freien Tische und studierten die Speisekarte.

Nach kurzer Überlegung bestellten wir zwei Stück Schwarzwälder Kirschtorte und zwei Tassen Kaffee. Die freundliche Bedienung brachte uns im Nu die Bestellung. Die Torte war zwar nicht aus Wien, schmeckte aber für mauritianische Verhältnisse ganz passabel und selbst der Kaffee war genießbar. Beim Bezahlen kamen wir mit der Bedienung ins Gespräch und sie erzählte uns, dass der Besitzer Österreicher war, der eine Mauritianerin geheiratet hatte und auf Mauritius hängen geblieben war.

Es hatte schon etwas Witziges, auf Mauritius in einem „Wiener Café" Schwarzwälder Kirschtorte zu essen und deutschen Kaffee zu trinken. Belustigt stiegen wir wieder in einen klapprigen Bus ein, um die Heimfahrt anzutreten.

Die nächsten Tage machten wir nicht viel, außer faul am Strand zu liegen und uns die Sonne auf den Bauch scheinen zu lassen.

Clency kam, wie so oft in diesen Tagen, vorbei und erzählte uns, dass es einen religiösen Umzug von Indern auf der Straße zu sehen gäbe und ob wir nicht Lust hätten uns das anzusehen.
Wir packten unsere Sachen zusammen und machten uns auf den Weg.
Schon von Weitem sahen wir den farbenreichen Zug von Menschen auf uns zukommen. Vorneweg liefen junge Männer, die ständig Wasser auf die Straße gossen, um zu vermeiden, dass sich die barfuss laufenden Gläubigen Brandblasen auf dem heißen Asphalt holen. An uns zog eine Schar in roten Sari gehüllter Frauen und nur mit einem Leinentuch um die Hüfte bekleideter Männer vorüber, die mit Asche eingerieben waren und sich lange silberne Nadeln durch die Backen, Lippen, Zunge und an Stellen ihres Körpers gestochen hatten. Mehrere Männer trugen festlich geschmückte Holzgestelle auf dem Kopf, sogenannte Kavadee, die sie in Handarbeit selbst angefertigt hatten. Durch die Anstrengung, die der Träger während des Bußgangs zu ertragen hat, soll seine Seele gereinigt und geläutert werden. Die ganze Prozession bewegte sich in Richtung Tempel, und wir folgten ihnen. Dort angekommen wurden den Gläubigen die Nadeln von einem Priester entfernt, wobei kein Blut floss. Männer wie Frauen fingen an, über glühende Kohlen zu laufen. Ein Ritual, bei dem der Gläubige sich etwas wünscht und damit der Wunsch auch in Erfüllung geht, muss er als Opfer über das Feuer laufen. Zum Schluss der Prozedur wurde an alle Beteiligte und Herumstehende vegetarisches Essen auf Bananenblätter verteilt. Julia und ich hatten vorher so etwas noch nie gesehen und waren beeindruckt von dieser fremdartigen, religiösen Zeremonie.
Am Abend hatten wir uns mit Jürgen, Gerlinde und den Rest der Clique in der Bambou Bar verabredet, wo eine Segashow stattfinden sollte.

Sega heißt die Musik, die durch den Einfluss afrikanischer Sklaven auf Mauritius entstanden war und die „Country Musik" der Insel ist.
Ursprünglich beschrieb sie in ihren Texten die Leiden der Sklaven zu jener Zeit. Noch heute fließen soziale Probleme der Kreolen oder alltägliche Ereignisse in die Segamusik mit ein.
Begleitet wird die Musik von einem ekstatischen Tanz zwischen Mann und Frau, dessen vulgär, kreisende Hüftbewegungen früher als unanständiger Tanz verpönt war.
Heutzutage wird Sega in allen Hotels in einer glamourösen Show dargeboten.
Ich empfehlen ihnen, sich diese farbenprächtige Darbietung nicht entgehen zu lassen.
Die Bambou Bar war erst vor Kurzem eröffnet worden und von daher noch nicht so überlaufen. Es herrschte eine eher familiäre Atmosphäre und Jeder kannte Jeden. Ich spielte mit Clency ein paar Runden Billard, bevor das Spektakel begann.
Eine Truppe, bestehend aus fünf Tänzerinnen und fünf Musikern, betrat laut singend und musizierend den Raum. Die Musiker hatten Maravanen (Rumrasseln ähnlich), mit denen sie rhythmische, rasselnde Töne erzeugten. Eine Ravan (ähnlich dem Tamburin) mit dem sie den Takt vorgaben und eine Triangel zur Abrundung des Klangbildes. Die Musiker stellten sich im Halbkreis auf und die Tänzerinnen ließen ihre Hüften vor ihnen kreisen. Die jungen Frauen waren mit langen, weiten, bunten Röcken bekleidet, deren Enden sie in den Händen hielten und in der gleichen Bewegung, wie sie ihren freien, fülligen Bauch kreisten, mitschwingen ließen. Sie sahen aus wie riesige Schmetterlinge bei ihren ersten Flugversuchen.
Ihre üppigen Brüste bedeckte lediglich ein kleines, buntes Oberteil und ihr langes schwarzes Haar war mit Orchideenblüten geschmückt.
Ein Albtraum für jede Ehefrau.
Die Männer hatten Hawaiihemden an und trugen große Strohhüte. Ihr einfacher, rhythmischer Ge-

sang erinnerte mich an die Gesänge der Sklaven währen der Kolonialzeit. Zum Ende der Show kamen die Tänzerinnen ins Publikum, um Männer wie Frauen zum Mittanzen aufzufordern. Angesichts dieser bildhübschen jungen Frauen, lies ich mir es nicht nehmen, der Aufforderung nachzukommen. Der größte Teil der anwesenden Gäste, denen der Rhythmus in die Beine gefahren war, hielt es jetzt nicht mehr in den Stühlen. Im Nu war die Tanzfläche brechend voll und alles schwofte und hottete, was das Zeug hergab.
Nach kurzer Zeit war ich klitschnass geschwitzt und musste die Tanzeinlage abbrechen. Ich setzte mich an die Bar und flößte mir ein schönes, kaltes Bier ein, auf dem ich sofort ein zweites Folgen lies. Gegen Ende des amüsanten Abends hatte ich meinen zulässigen Alkoholpegel erreicht, sodass ich mich mit Julia und Clency auf den Weg in die heimatlichen Gefilde machte.

Für Julia näherte sich das Ende ihres Aufenthaltes auf Mauritius. Sie hatte eh schon ein paar Tage ihrer Winterferien überzogen und so hieß es, den Heimflug anzutreten. Clency hatte zum Abschied von Julia bei sich zu Hause zum Essen geladen. Wir konnten bei dieser Gelegenheit seine Familie näher kennenlernen, die wir vorher nur flüchtig wahrgenommen hatten.
Am Vorabend der Abreise von Julia sind wir zum Haus von Clencys Familie gegangen, dass keine fünf Minuten von unserer Unterkunft entfernt war und wir bequem zu Fuß erreichen konnten.
Im Wohnzimmer, das gleichzeitig auch Esszimmer war, wurden wir freundlich von den Eltern, seiner entzückenden Schwester Ursula, seinem jüngeren Bruder Jerome und der hübschen Cousine Lorina empfangen.
Wir nahmen am gedeckten Tisch Platz.
Clencys Vater, ein 62 jähriger, stämmiger Mann, der bis auf einen restlichen Haarkranz weiter keine Haare auf dem Kopf hatte, holte eine Flasche Rum

und Gläser aus dem Schrank. Er füllte sie sogleich mit dem Rum und kalter Cola, reichte Clency und mir ein Glas. Wir prosteten uns zu und er hieß uns herzlich willkommen. Mama Ros', wie sie von allen genannt wurde, brachte herrlich duftendes *Gadiac* auf den Tisch. Eine 53 jährige, kleine, rundliche Frau, der man das harte Leben, das sie hinter sich hatte, im Gesicht ablesen konnte. Während wir uns den Snack und den Rum schmecken ließen, stellte uns Clency seine Familie vor.

Sein Vater, Kreole mit indischem Einfluss, fing mit 13 Jahren an bei seinem Onkel, als Maurer zu arbeiten. Er spezialisierte sich auf Basaltstein, denen er mit Hammer und Meißel die passende Form gab, um daraus kunstgerechte Mauern zu bauen oder sie formvollendet in Häuserfassaden einarbeitete. Aufgrund dessen, das er sich sehr gut mit der Beschaffenheit von Natursteinen auskannte, bekam er den Beinamen „Doc." Er ist bekannt in Grand-Bay als Spezialist für Naturstein. Bis zum heutigen Tage suchen ihn junge Maurer auf, um ihn nach seinem Rat zu fragen.

Mutter Rosemonde, indischer Abstammung mit französischem Einfluss, musste nach dem frühen Tod ihrer Mutter, mit 14 Jahren ihre vier jüngeren Schwestern versorgen. Mit 15 Jahren wurde sie, auf Drängen ihres Vaters, mit „Doc" verheiratet.

Mit 16 Jahren bekam sie ihr erstes Kind, auf das noch acht weitere folgten.

Mit 36 Jahren fing sie an, für weiße Leute zu putzen. Heute ist sie in Rente und kümmert sich um Haus und Hof.

Clencys entzückende kleine Schwester Ursula war mit 17 Jahren, die jüngste in der Familie, noch ziemlich albern und besuchte die Highschool. Sein eher schüchterner, hübscher Bruder Jerome war mit 19 Jahren der vorletzte in der Geburtenfolge. Er arbeitete als Schiffsjunge, auf einem Boot.

Die schöne 17 jährige Cousine Lorina, war indischer Abstammung, sehr hellhäutig und auch noch ziemlich albern. Sie lebte in dieser Zeit bei den El-

tern von Clency, weil sie als Verkäuferin in Grand-Bay arbeitete.
Wir plauderten, tranken Rum, aßen *Gadiac*, und ehe wir uns versahen, war eine Stunde vergangen. Mama Ros' und Ursula fingen an, das Essen auf den Tisch zu bringen.
Es gab wohlriechenden, überbackenen *Schwertfisch mit Béchamelsoße, Kartoffelsalat mauritianischer Art,* dazu *knusprig, duftendes Brathähnchen.* Als Beilage wurde ein gemischter, *grüner Salat mit Vinaigrette* serviert. Als Dessert gab es *Banane flambiert.*
Während des Essens unterhielten wir uns über Mauritius, wobei Clency als Dolmetscher fungierte, weil seine Eltern kein Englisch sprechen.
„You like Mauritius?", wurde ich gefragt.
„Yes, I like it very much. "
„You will come one more time? "
"May be, I don't know", antwortete ich.
Zur Erinnerung filmte ich das Gastmahl und Clency stellte dabei noch mal die einzelnen Familienmitglieder vor. Ich fühlte mich an diesem Abend sehr wohl im Kreise von Clencys Familie und hatte einen kleinen Einblick in die Lebensgewohnheiten der Mauritianer bekommen.
Julia und ich verabschiedeten uns vorzeitig aus der herzlichen Runde, weil Julias Koffer noch gepackt werden musste und wir am nächsten Morgen früh aufzustehen hatten, um rechtzeitig den Flieger zu erreichen.
Ich hatte für sechs Uhr ein Taxi bestellt, das auch pünktlich eintraf. Julia verabschiedete sich mit ein paar Tränen in den Augen von Josette und Jean, die extra früh aufgestanden waren. Anschließend fuhren wir los in Richtung Flughafen.
Ich brachte Julia an den Schalter der Fluglinie, wo ich sie einer Stewardess übergab, die sie durch die Abfertigung begleitete. Vorher verabschiedeten wir uns noch herzlich und ich wartete, bis sie hinter den Absperrungen verschwunden war.
Ich fuhr mit dem Taxi zurück nach Grand-Bay.

3. Kapitel

Die Liebschaft

Für mich war der Aufenthalt in dem kleinen, idyllischen gelegenen Bungalow beendet, weil neue Gäste eintrafen, die das Haus lange Zeit vorher gebucht hatten. Ich musste mich nach einer anderen Unterkunft umsehen.
Dario, ein mauritianischer Freund von Jürgen, bot mir eine möblierte Dreizimmerwohnung an, die er zur Verfügung hatte. Ich sah mir die Wohnung an, die sich inmitten des Viertels „Camp l 'amour" (Viertel der Liebe) befand. Sie gefiel mir auf Anhieb, weil sie zentral lag und ich die restliche Zeit meines Urlaubes unter Einheimischen wohnen konnte, um noch besser Land und Leute kennenzulernen. Ich handelte mit Dario einen Preis aus und quartierte mich für die nächsten Wochen ein.
Der Name des Viertels war der Vorbote, für dass was sich in den kommenden Wochen anbahnen sollte.
Clency half mir mein Gepäck, in mein neues Domizil zu bringen. Das Haus befand sich in einer kleinen Gasse, wo die Wohnung im Erdgeschoss, direkt an der Straße lag.
Da ich jetzt alleine war und nicht mehr Rücksicht auf meine Tochter nehmen musste, fing ich an mich nach einem Mädel umzuschauen. Ich hatte keine Lust die künftigen Nächte alleine in meinem Bett zu verbringen, zumal mich meine sinnliche Lust auf Minne eh schlecht schlafen lies. Ich war auf der Suche nach einem amourösen Abenteuer.
Das sollte sich mit Lucie auch umgehend einstellen, die ich bei einem meiner Spaziergänge am Public Beach kennenlernte.
Ich hatte mich auf eine Bank gesetzt, um den spektakulären Sonnenuntergang, wie er häufig in der Bucht vorkommt, zu genießen, als ich sie ein Stück weiter, auf einer anderen Bank sitzen sah. Wir tauschten Blicke aus und ich zögerte nicht lange, ging zu ihr herüber und sprach sie an.
Sie war in Begleitung ihrer jüngeren Schwester Mimi, was mich aber vorerst nicht weiter störte.

Sie war Kreolin, ungefähr 22 Jahre alt und etwa 1,60 m groß, von kräftiger Statur, hatte ein hübsches Gesicht, das ein breiter Mund mit strahlend weißen Zähnen zierte, üppige Brüste und einem typischen afrikanischen Po.
Sie konnte nicht viel Englisch sprechen, es reichte aber aus, um uns näher bekannt zu machen.
Junge Frauen, die sich auf der Straße ansprechen lassen, gelten in Mauritius als nicht seriös, da sie nur die Absicht verfolgten, sich für Liebesdienste bezahlen zu lassen, also Nutten sind, so die Meinung der Einheimischen.
Mit Lucie war es aber nicht der Fall, sie machte keine Andeutungen in dieser Richtung, sodass es für mich erstmal eine ganz alltägliche Bekanntschaft war, von der ich mir natürlich einiges mehr erhoffte.
Sie kam aus dem Dorf Baie du Cap, das lag im Süden und die ärmere Region der Insel war. Sie wohnte hier in Grand-Bay bei einer Tante und war auf der Suche nach Arbeit, erzählte sie mir. Ich hatte keine Veranlassung ihr keinen Glauben zu schenken. Wir verabredeten uns für den nächsten Tag, um gemeinsam einen Ausflug in den Süden, zur Crocodile Farm zu machen.
Ich erzählte Clency von meiner Bekanntschaft mit Lucie und ihrer 15 jährigen Schwester Mimi und der daraus resultierenden Verabredung.
Da er keine Freundin hatte, war er ganz besessen darauf mitzukommen. Was ich auch ohne Weiteres bejahte, weil er sich dann mit der Schwester beschäftigen konnte, während dessen ich mich um Lucie kümmerte. Schließlich hatte ich ja das Ziel vor Augen, sie zu verführen.

Am nächsten Morgen trafen wir uns an der Bushaltestelle und fuhren nach Port-Louis. Wir stiegen in den Bus um, der uns auf der gut ausgebauten Küstenstraße, entlang der Westküste in Richtung Süden brachte. Je weiter wir gegen Süden fuhren, umso schlechter wurden die Straßen, umso ärmlicher die Dörfer, die wir passierten, in denen vorwiegend Kreolen leben. Ich war vorher noch nie in diesem Landesteil von Mauritius gewesen und war etwas konsterniert, was ich zu sehen bekam.

Dieser Teil der Insel ist nicht so wie man sie aus den Katalogen, mit ihren paradiesischen Fotos auf Glanzpapier, kennt. Es häufen sich die kleinen Ortschaften, die in der Mehrzahl aus dreckigen, zum Teil verwahrlosten Blechhütten bestehen. Selten ist ein Haus aus Stein zu sehen. Im Vorbeifahren konnte ich die Bevölkerung näher betrachten. Man sah ihnen die Armut an, in der sie lebten. Ich konnte nur perplex feststellen, dass der Süden der Insel das Armenhaus von Mauritius ist.

Abgesehen von der Landschaft, die herrlich grünt und mit vielfältigen Bäumen bewachsen ist. Besonders die Küstenregionen mit ihren langen, weißen Stränden und den sich brechenden Wellen vor den Riffen, sind ein imposanter Anblick.

Nach eineinhalb Stunden Fahrzeit waren wir in dem Provinznest Rivière des Anguilles angekommen. Für die letzten drei Kilometer nahmen wir uns ein Taxi. Auf schmalen Wegen durch Zuckerrohrfelder gelangten wir schließlich zum Eingang der Farm.

Die Privatfarm lag in einem Flusstal und war von einem Ehepaar angelegt worden. Ich bezahlte das geringe Eintrittsgeld und wir kamen in einen Park, in denen wir vielfarbige Chamäleons, schlafende fliegende Hunde, kecke Affen, grunzende Riesenschildkröten, bunte Geckos und bizarr gemusterte Schlangen bewundern konnten.

Der ganze Park ist mit tropischen Pflanzen bewachsen, in denen Teiche mit Zierkarpfen angelegt sind.

An manchen Stellen der Farm sind die Pflanzen so dicht zusammengewachsen, dass man nicht mehr den Himmel sehen kann. Die Luft ist heiß und feucht. Ich fing an, animalisch zu schwitzen und die stickige Luft nahm mir den Atem.

Als besondere Attraktion konnten wir Unmengen von Krokodilen bestaunen, die nach Größe aufgeteilt in unterschiedlichen Gehegen untergebracht sind.

In dem Restaurant vor Ort kann man außer den Standardgerichten auch Krokodilesteak bestellen, was mich aber kulinarisch nicht anregte, es zu probieren. Nach gut zwei Stunden hatten wir den Park durchstreift und wir wollten uns eigentlich umgehend auf den Nachhauseweg machen. Lucie schlug vor, da wir eh gerade im Süden waren, ihrer Mutter und ihren Schwestern einen Besuch abzustatten. Clency und ich hielten das für eine gute Idee. Wir konnten nach der Anstrengung der Anreise eine kleine Ruhepause gebrauchen, bevor wir uns wieder auf den Rückweg machten. Wir schnappten uns eins von den Taxis, die vor dem Ausgang geduldig auf Kundschaft warteten und ließen uns in das zehn Kilometer entfernte Baie du Cap fahren.

Das Haus der Mutter lag nicht weit entfernt von der Straße, die entlang der Küste verläuft. Das kleine Haus war aus Stein gebaut, in denen sich Öffnungen für die Fenster befanden, selbige aber fehlten und an ihrer Stelle verwitterte, mit Fäulnis behaftete Holzplatten angebracht waren.

Die Tür bestand aus einem alten, mit Löchern durchsiebten, verrosteten Wellblechen und hing etwas schief in den locker befestigten Türangeln.

Das Haus hatte zwei Zimmer und machte einen heruntergekommenen Eindruck.

Die ehemals weiße Farbe war nur noch in wenigen Ansätzen vorhanden und löste sich, welkenden Blättern ähnlich, von den Wänden.

Die Mutter war eine verhärmte, gefällige Frau, deren Gebiss sich von einem Großteil der Zähne verabschiedet hatte. Ihr zerlumpter Kittel hatte seit Wochen keine Seife mehr gesehen. Sie begrüßte uns freundlich und forderte uns auf hereinzukommen. Außer den zwei Schwestern von Lucie war noch eine Cousine anwesend, die im Alter zwi-

schen neun und elf Jahren waren. Die Kinder waren ärmlich gekleidet, aber in ihren Gesichtern sah man ein schüchternes, unschuldiges, fröhliches Lächeln, denn sie freuten sich über den überraschenden Besuch ihrer großen Schwester.
Die Einrichtung war spärlich und bestand aus einem wackligen alten Holztisch, vier angerosteten Metallstühlen, zwei altersschwachen Betten, die mit zerschlissenen Tüchern abgedeckt waren und einer schmierigen Glühbirne an der Decke. An der Wand hing ein mit Spinnenweben überzogenes Bild der Jungfrau Maria. Küche gab es keine, gekocht wurde auf einer Feuerstelle, die sich draußen vor dem Haus befand. Die Toilette war ein verrotteter Holzverschlag, der in angemessener Entfernung hinter dem Haus stand. Wir setzten uns hin und Lucie schickte ihre kleine Schwester los, um aus der nahe gelegenen Tabagie eine große, gekühlte Limo zu holen. Die Mutter fragte uns, ob wir zum Essen blieben, sie hätte schon etwas im Topf und es wäre gleich fertig.
Wir nahmen dankend an, denn wir hatten seit dem frühen Morgen nichts mehr gegessen.
Die kleine Schwester kam auch wenig später mit der Limo zurück. Lucie füllte die Gläser und wir ließen das kalte sprudelnde Gesöff durch unsere trockenen Kehlen fließen.
Die Mädchen brachten die abgewetzten Teller und Löffel auf den Tisch, die Lucies Mutter auch gleich mit Reis voll schaufelte. Anschließend holte sie noch einen weiteren Topf vom Feuer, aus dem sie mit einer großen Kelle *Fischbouillon* schöpfte und über den Reis goss. Nachdem das Tischgebet gesprochen war, fingen wir an zu essen. Schon nach dem ersten Bissen überkam mich ein Brechreiz. Der matschige Reis enthielt nicht die Spur von Salz und der *Fischbouillon* hatte einen bitteren, tranigen Geschmack. Aus Anstand aß ich, unter größter Überwindung, die Hälfte des Essens. Den Rest ließ ich mit der Entschuldigung stehen, dass ich magenkrank sei und deshalb nicht so viel es-

sen könnte. Mit einem Glas Limo versuchte ich den widerlichen Geschmack, den das Essen in meinem Mund hinterlassen hatte, los zu werden. Es war das Ungenießbarste, was ich je in meinem Leben gegessen hatte.
Nach dem Essen verabschiedeten wir uns von Lucies Familie, die uns noch zur Bushaltestelle brachten und uns nachwinkten, bis das qualmende Gefährt hinter der nächsten Kurve verschwunden war.
Für mich war es ein denkwürdiger Tag, den ich mein Leben lang nicht vergessen werde. Hatte ich doch Menschen aus Mauritius kennengelernt, wie sie der Pauschaltourist eher selten als gar nicht zu Gesicht bekam.

Als ich am nächsten Morgen aufwachte, stand Lucie bereits unter der Dusche, während ihre Schwester Mimi noch im Nebenzimmer schlief. Ich erhob mich aus dem Bett, zog mir einen Short über und setzte einen Kessel Wasser für den Tee auf, um danach meinen morgendlichen Gang zur Toilette zu machen. Als ich in den Spiegel sah, stellte ich fest, dass meine Augen etwas geschwollen waren. Die zwei Flaschen Rotwein, die ich am Abend vorher mit Clency und Lucie geleert habe, hatten ihre Spuren hinterlassen.
Wir hatten noch bis spät in die Nacht gequatscht, als Clency sich endlich aufraffte, zu gehen. Für Lucie und Mimi war es zu spät, noch nachts allein auf die Straße zu gehen. Weil ich keine Lust hatte, die beiden nach Hause zu bringen, hatte ich den Vorschlag gemacht, dass sie bei mir schlafen könnten. Mimi hatte ich ins Nebenzimmer verfrachtet und Lucie in mein Bett einquartiert.
Wir haben solange Körpersäfte ausgetauscht, bis wir vor Erschöpfung eingeschlafen sind.
Inzwischen war auch Mimi aufgestanden. Sie hatte den Tee aufgebrüht und Tassen auf den Tisch gestellt. Lucie kam in einem Badehandtuch eingewickelt aus der Dusche, setzte sich an den Tisch und

goss den Tee ein. Wir tranken genüsslich das heiße Getränk und unterhielten uns über den gestrigen Tag.
Ich sprang unter die Dusche und machte mich danach fertig zum Ausgehen. Ich hatte mich mit Clency verabredet, um mit ihm nach Goodlands zu fahren, eine kleine Stadt nordöstlich von Grand-Bay. Die Mädels waren angezogen und zurechtgemacht, sodass wir gemeinsam die Wohnung verlassen konnten. Ich traf mit Lucie eine lockere Verabredung für den nächsten Tag.
Clency kam mir auf der Royal Road entgegen und wir stiegen in den Bus nach Goodlands.
Nach 20 Minuten Fahrzeit hatten wir die größte Stadt des Nordens erreicht, die überwiegend von Indern bewohnt ist. Nachdem wir aus dem Bus gestiegen waren, schlenderten wir neugierig die Royal Road hinunter, die sich von Ortsanfang bis Ortsende etwa drei Kilometer hinzog. Es reihen sich Geschäft an Geschäft, in denen alles zu bekommen ist, was man für das tägliche Leben braucht.
Zwischen gut sortierten Obstständen und indischen Boutiquen hört man lautstark kreolische Musik aus den Videotheken dröhnen.
Schwer beladene Lastwagen, die schwarze Auspuffwolken in die Menge bliesen. Mit Menschen vollgestopfte Busse suchten sich ihren Weg durch die mit Einwohnern überfüllte Straße. Es war ein hitziges Gewühle und ein aufgeregtes Durcheinander, dass der außerordentlich dicke Verkehrspolizist nur mit großer Mühe und durch ständiges Rudern seiner Arme in den Griff bekam.
Am Ende dieser multikulturellen bevölkerten Straße befindet sich der Markt von Goodlands, wo am Mittwoch und Samstag Gemüse verkauft wird, Dienstag und Freitag Kleidung und Haushaltswaren. Der Markt ist nicht so groß wie in Port-Louis und das Dach ist wesentlich niedriger gehalten, sodass in der Mittagszeit eine ziemlich stickige Luft zwischen den Ständen herrscht.

Wer aber das Treiben und Handeln orientalischer Märkte liebt, wird voll auf seine Kosten kommen. Vor allen Dingen sind die Waren dort wesentlich preiswerter zu bekommen, als in den üblichen Touristenläden.
Ich hatte mir, nach dem üblichen Feilschen mit den Händlern, ein paar T-Shirts und ein schönes, großes Badelaken gekauft. Nachdem wir unseren kleinen Hunger mit frisch gebackenen Dhallpouri gestillt hatten, stiegen wir wieder in den voll besetzten Bus, Richtung Grand-Bay.
Eine Woche war vergangen, in der Lucie und ihre Schwester fast täglich bei mir waren. Hatte ich anfangs gedacht, sie würde ihre Schwester nur gelegentlich mitbringen, so hatte ich mich geirrt. Lucie brachte ihre Schwester immer mit, was mir manchmal etwas zu viel wurde. Wenn ich sie darauf ansprach, kam sie den nächsten Tag alleine zu mir, um sie aber am darauf folgenden Tag wieder mitzubringen.
Da ich immer interessiert war, Land und Leute kennenzulernen, fragte ich Lucie, ob wir nicht ihre Tante besuchen könnten.
Sie willigte ein und wir gingen an den Stadtrand von Grand-Bay, wo sich das „Camp Carol" befand. Benannt nach einem Zyklon, der in den 50ger Jahren Mauritius heimgesucht und diese Siedlung dem Erdboden gleichgemacht hatte. Es war eine Armensiedlung, die aus schäbigen Blechhütten bestand. Von Weitem ahnte ich schon, was sich bestätigen sollte. Das Haus der Tante war eine winzige Hütte, aus vom Rost zerfressenen Wellblechen und grob geschnittenen Balken. Der Boden war nicht zementiert und nur dürftig mit Sand abgedeckt. Ein in das Blech geschnittenes Loch war das Fenster, das mit einen von Motten zerfressenen Stück Stoff verhangen war. Der grob gezimmerte Tisch und eine schlichte wurmstichige Sitzbank waren die einzigen Möbelstücke. An der Decke hing eine alte verrußte Petroleumlampe. Die Tante machte einen armen aber sauberen

Eindruck. Da sie kein Englisch sprach, deutete sie mit Handzeichen an, mich hinzusetzen. Lucies Schwestern nebst Cousine waren auch zu Besuch bei der Tante.

Langsam fing ich an mich zu wundern, wo die ganze Bagage schlief, denn Lucie mit ihren schicken Klamotten machte nicht den Eindruck, dass sie hier wohnen würde. Allmählich hatte ich meine Zweifel was Lucie mir so erzählte. Forschte aber nicht weiter nach, weil ich meinen Spaß im Bett mit ihr hatte. Sie verlangte dafür kein Geld, beklaute mich nicht und damit gab ich mich zufrieden.

Ich blieb dann auch nicht all zu lange, weil es für mich irgendwie beklemmend war als „reicher" Europäer in dieser armseligen Hütte, zwischen diesen mittellosen Menschen zu sitzen. Obwohl ich schon Lucies Mutter und ihr Haus kennengelernt hatte, war es doch irgendwie wieder deprimierend, dieses Elend zu sehen, dass gar nichts gemein hatte mit dem paradiesischen Mauritius aus den bunten Urlaubskatalogen.

Als ich Tags darauf Clency traf, erzählte er mir, dass seine Familie am Wochenende Camping am Strand machen würde und ob ich nicht mitkommen wollte. Ich hatte nichts Besseres vor, und sagte zu. Am späten Nachmittag des folgenden Tages trafen wir uns vor seinem Haus. Außer Clency kam noch eine Vielzahl von Familienangehörigen mit. Insgesamt waren wir eine Truppe von zwölf Personen.

Ich nahm ein paar Büchsen Bier und einen Nudelsalat mit, den ich selber zubereitet hatte. Meine Angel steckte ich auch ein, weil ich vorhatte, mit Clency in den späten Abendstunden fischen zu gehen. Wir fuhren mit dem Wagen seines Schwagers nach Péreybère, wo wir kurz hinter der Ortschaft die Hauptstraße verließen, um in einen kleinen Seitenweg abzubiegen. Unter Filaobäumen suchten wir uns ein schattiges Plätzchen und breiteten im Halbkreis unsere Decken aus. Die Frauen holten sogleich Geschirr und Besteck hervor, um

anschließend die Teller mit *Vindaye Possion, Basmatireis* und *Tomaten Chutney* vollzuladen.
Clencys Onkel François öffneten derweil eine Flasche Rum und füllte die bereitstehenden Gläser mit selbigen und etwas Cola, um sie anschließend zu verteilen.
Tante Madde, eine schwergewichtige Frau von 50 Jahren und Ehefrau von Onkel François, musterte mich mit strengem Blick und fragte:
„You like fish?"
„Yes, I like fish", antwortete ich.
Es sollten die einzigen Worte bleiben, die ich mit ihr in den folgenden Jahren wechselte.
Wir saßen alle in einträchtiger Runde zusammen und ließen uns das vorzügliche Essen schmecken. Mein Nudelsalat wurde gelobt, besonders von den Frauen, die erstaunt waren, dass ein Mann so einen Salat zubereiten konnte. Da fast jeder mehr oder weniger gut Englisch sprach, war es kein Problem sich mit allen zu verständigen.
Wir plauderten, lachten, tranken Rum, aßen *Gadiac,* und mir war es angenehm zwischen all den Mauritianern zu sein. Ich fühlte mich sehr wohl, hatten sie doch eine unbeschwerte Art das Leben zu genießen.
Als es dämmerte, machten sich Clency, sein jüngerer Bruder Jean-Lou, François und ich, ausgerüstet mit Angelschnur und Köder, gemeinsam auf den Weg zur nahe gelegenen Küste, um unser Anglerglück zu versuchen. Während Clency und sein Bruder ihre Schnüre nach bekannter mauritianischer Art ins Wasser schmissen, ließen François und ich unsere Leinen auf konventionelle Art ins Wasser. François war ein leidenschaftlicher Angler und im Besitz einer herkömmlichen Angelrute.
Die Sonne hatte ihre letzten Strahlen gelöscht, um der Nacht ihren Vorzug zu geben. Über uns erstrahlte in Tausenden von Lichtern, ein unendliches Sternenmeer, wie man es in Deutschland selten bei klaren Nächten zu sehen bekam, hier in Mauritius aber völlig normal ist.

Wir saßen alle in gespannter Haltung mit unseren Angeln in der Hand und warteten auf das kleinste Rucken der Leine, ob nicht ein Fisch am Köder biss.
Clency sah es als Erster und machte uns auf ihn aufmerksam. Wir schauten alle hoch zum Nachthimmel und konnten ein einmaliges Naturphänomen bewundern, worüber wir unsere Angeln völlig vergaßen. Über uns leuchtete ein riesiger Komet, der einen schier endlos langen Schweif hinter sich ließ. Es war, als ob jemand eine überdimensionale Taschenlampe angeknipst hatte.
Etwas Derartiges hatte ich vorher noch nie gesehen und mir wurde bewusst, dass ich so etwas höchstwahrscheinlich nur einmal im Leben zu sehen bekam.
Der Anblick war einfach überwältigend und es überkam mich ein Gefühl der Ehrfurcht. Ich kam mir auf einmal sehr klein vor, in diesem unendlichen Universum. Wie wir am nächsten Tag aus der Zeitung erfuhren, war es der Komet Hyakutake, benannt nach seinem Entdecker. Sein Schweif war 500 Millionen Kilometer lang.
Wir packten unsere Angelsachen zusammen, weil wir nicht mehr bei der Sache waren und eh kein Fisch anbiss. Unser Interesse galt nur noch dem Kometen. Wir liefen zurück zum Lager, wo die Frauen sich auch schon aufgeregt über das Ereignis unterhielten. Keiner dachte mehr an schlafen, alle starrten nur noch zum Himmel. Die halbe Nacht waren wir wach und beobachteten den Kometen. Erst in den Morgenstunden, als der Komet nicht mehr sichtbar war, schlief Einer nach dem Anderen ein.
Clency hatte mir nicht gesagt, dass wir die Nacht im Freien verbringen würden. Ich war darauf nicht vorbereitet und hatte keine wärmende Decke dabei. Da Anfang März die Nächte schon empfindlich kühl in Mauritius waren, schlotterte ich mir ganz schön den Arsch ab. Ich wartete geduldig, bis die Sonne aufging, um mich von ihren ersten Strahlen

wärmen zu lassen. Um mir die Zeit zu vertreiben, bis die anderen aufwachten, hatte ich erneuert meine Angel zu Wasser gelassen, in der Hoffnung am frühen Morgen mehr Anglerglück zu haben.
Die Sonne stieg stetig höher und erwärmte meinen durchgefrorenen Körper. Es war in etwa eine Stunde vergangen, in der ich wartete, dass endlich ein Fisch anbiss. Ich wollte die Hoffnung schon aufgeben, als es überraschend an meiner Angel kräftig ruckte. In Windeseile holte ich die Leine ein und hatte zu meiner großen Freude einen dicken Fisch am Haken.
Jean-Lou, Lorina, Jerome und Ursula waren wach geworden und kamen zum Strand, um nach mir zu sehen. Jean-Lou war vollauf begeistert, als er sah, dass ich eine „Dorade" gefangen hatte. Er sagte, dass es ein sehr guter Fisch sei. Ich war natürlich stolz auf meinen Fang und machte mich auch sogleich an die Arbeit ihn auszunehmen und zu entschuppen. Ich hatte aber noch keine große Erfahrung damit, und stellte ich mich etwas ungeschickt an. Ich stieß mir einen Stachel vom Rückenkamm des Fisches tief in meinen Daumen. Es war eine schmerzhafte Angelegenheit und ich wollte den Stachel so schnell wie möglich wieder herausholen. Alleine schaffte ich es aber nicht, weil ich kein Hilfsmittel zur Verfügung hatte; ich brauchte Hilfe!
Ursula empfahl mir ihre Schwester Shirley, die Spezialistin für solche Fälle war. Ich bin auch sogleich mit meinem Fisch und dem verletzten Daumen ins Lager zurückgetapert, um mir von Ursulas Schwester helfen zu lassen. Sie sah sich meinen Daumen an und sagte nur:
„Oh, it doesn't look good, the prickle sits very deep, but I will try my best to help you."
"It's very nice from you to help me", antwortete ich. Sie hatte sich eine kleine Schere besorgt und versuchte damit den Stachel zu entfernen. Es gestaltete sich äußerst schwierig und ich hatte ziemliche Schmerzen auszuhalten.

Nach qualvollen zehn Minuten chirurgischen Hantieren hatte sie es endlich geschafft, den Stachel herauszuziehen. Ich ließ den Daumen etwas bluten, um ihn danach mit einem dicken Pflaster zu verkleben.
Ich bedankte mich für ihre Hilfe, ohne zu ahnen, dass ich sie bald näher kennenlernen würde.
Den Vormittag verschlief ich unter einem Schatten spendenden Baum, um mich von den Strapazen der Nacht zu erholen.

Während meines dreimonatigen Aufenthalts war der Süden von Mauritius immer wieder Ziel meiner Exkursionen, weil sich dort die meisten Sehenswürdigkeiten befinden.
An einem Sonntag mietete ich einen kleinen Bus mit Fahrer und lud Lucie, zusammen mit ihren drei Schwestern zu einem Ausflug in den Black River Georges National Park ein. Wir fuhren wieder über Port-Louis, weiter nach Beau Bassin, über Rose Hill, Quatre Bornes und Vacoas. Die Städte liegen alle so nahe beieinander, dass man nicht merkt, wann man aus der Einen hinaus und in die Andere hinein fährt. Die Fahrt ging weiter durch eine weite, licht bewaldete Hochebene, die teilweise mit Teeplantagen kultiviert war.
Wir fuhren stetig bergauf und befanden uns in etwa 600 m Höhe, als wir auf einem Parkplatz anhielten, um den ausgewiesenen Aussichtspunkt zu besuchen.
Vorbei an Souvenirhändlern, führte ein befestigter Weg direkt an ein Plateau, von wo aus wir ein eindrucksvolles Panorama auf die üppig bewachsenen Berge hatten. Vor uns lag ein dicht bewaldetes Tal, das sich über Hunderte von Metern in die Tiefe zog. Über den Baumwipfeln zogen die weißen, königlich Anmutenden Pailleen Queue Vögel ihre Kreise, die sich ohne einen Flügelschlag von den Aufwinden tragen ließen. Abgerundet wurde der fantastische Fernblick, durch das Spiegeln der Sonne im türkisblauen Indischen Ozean. Es war

ein herrlicher Ausblick. Ich kann nur jeden Reisenden empfehlen, dieses Plateau zu besuchen.
Wir setzten die Fahrt fort, die wir immer wieder durch kurze Stopps unterbrachen, um die wildwachsenden, reifen Guajaven zu pflücken, eine süßsauer schmeckende, Kirschengroße Frucht.
Während der Reifezeit kommen die Einheimischen aus allen Teilen der Insel in das Naturschutzgebiet, mit Eimern und Plastiktüten ausgerüstet, um diese Früchte zu ernten.
Es ist ein Volksvergnügen der besonderen Art.
Man trifft sich zum Ernten, macht anschließend ein Picknick, bei dem auch dem Alkohol reichlich zugesprochen wird. Einige bringen ihre Instrumente mit, es wird musiziert und dazu gesungen.
Die Mauritianer lieben das ausgelassene lukullische Vergnügen mit Tanz und Gesang.
Weiter ging die Fahrt und nach 20 Minuten Fahrzeit hatten wir den kleinen Ort Chamarel erreicht.
Eine unbefestigte Straße führte vorbei an Kaffee-, Bananen- und Ananasplantagen, zu den „Seven Coulors of Mauritius", ein Hektar großes, leicht hügeliges, vegetationsloses Terrain, das durch eine Laune der Natur in Gelb-, Rot-, Ocker und Blaugrauen Farbtönen schimmert.
Wissenschaftler haben keine aufschlussreiche Erklärung für das Phänomen. Es wird aber vermutet, dass die Erde mit oxidierenden Metallen vermischt ist, was diese faszinierende Farbcollage auslöst.
Damals war dieses Gebiet noch nicht eingezäunt und man konnte sich frei über die Hügel bewegen.
Heute zahlt man ein verhältnismäßig hohes Eintrittsgeld, alles ist eingezäunt und das einstmals freie Stück Natur wirkt dadurch beschnitten und eingezwängt.
Nach einem halbstündigen Spaziergang über das zerklüftete, dem Mars ähnelnden Gebiet, fuhren wir weiter auf der Küstenstraße in Richtung Souillac, der größten Stadt an der Südküste. Kurz vor der Stadt führt, durch Zuckerrohrfelder hindurch, eine Straße, zum „Rochester Waterfall". Die Straße

wird irgendwann unbefestigt und kleine, teilweise etwas versteckte, handgeschriebene Schilder weisen den Weg zum Wasserfall. Die letzten 200 m mussten wir steil abwärts zu Fuß zurücklegen. Die Anstrengung wurde aber durch einen imposanten Wasserfall belohnt.

Über eine stufenförmige, bizarre, schwarze Felsenformation, stürzt eine 20 m breite Wasserwand in ein 15 m tiefer gelegenes Becken. Die Hitze des Tages hatte sich in meinem Körper gestaut.

Ich konnte mich nicht zurückhalten und nahm ein erfrischendes Bad in den kühlen Fluten. Lucie und ihre Schwestern hatten leider keine Badeanzüge dabei und konnten nur bis zu den Knien im Wasser stehen, was aber auch für genügend Abkühlung sorgte. Eine kleine Attraktion war, als sich junge, todesmutige Mauritianer aus 15 m Höhe in das tiefe Nass stürzten.

Nachdem mich die Sonne getrocknet hatte, zog ich mich wieder an und wir gingen zurück zu unserem Bus, in dem unser Fahrer ein Nickerchen hielt. Ich weckte ihn sanft aus seinen Träumen und wir konnten die Fahrt fortsetzen. Als letztes Ziel unseres Ausfluges fuhren wir zum Aussichtspunkt Le Gris Gris, von wo wir einen herrlichen Ausblick auf das überschäumende, offene Meer hatten. Wir setzten uns in einen kleinen Kiosk, aßen schmackhafte *Gâteau légume,* die wir uns an einer Imbissbude gekauft hatten und beobachteten verzückt das immer gleich währende Spiel des Windes mit dem Wasser.

Die Sonne stand schon ziemlich tief im Westen und fing langsam an sich rötlich zu färben, als wir gen Norden aufbrachen, um unsere heimatlichen Gefilde aufzusuchen.

Es war der 14. März, zwei Tage nach dem Nationalfeiertag, als ich morgens aufwachte und mir Gedanken über meine Beziehung zu Lucie machte. Sie hatte die Nacht nicht bei mir geschlafen. Ich hatte sie nach Hause geschickt, weil ich etwas Abstand haben wollte. Sie war so ganz nett, aber ich war nicht verliebt in sie. Die Beziehung zu ihr war rein sexuell und eigentlich nicht, wonach ich wirklich suchte. Ich suchte eine Frau fürs Herz und ich fragte mich, ob es nicht möglich ist, hier auf Mauritius so eine Frau zu finden. Ich brauchte nicht lange auf eine Antwort zu warten, denn das Schicksal gab mir noch am gleichen Tag einen entscheidenden Wink.

4. Kapitel

Die Herzdame

Ich hatte mich zurechtgemacht und wollte J. u. G. besuchen, die ich einige Zeit nicht mehr gesehen hatte, als es klopfte und Clency vor der Tür stand. Ich ließ ihn herein, er setzte sich auf einen der Rattansessel und zündete sich eine Zigarette an. Nachdem er die ersten Züge gierig in sich hineingesaugt hatte, wechselten wir ein paar Worte und überlegten, was wir heute gemeinsam machen wollten.

„What you think, we go fishing today? ", schlug Clency vor.

„Yeah, that's a good idea my friend. "

„Eh, Bernhard, before I forget to tell you, my sister invites you for her birthday dinner in the evening."

„Ah, your sister has birthday", antwortete ich hellhörig geworden.

„What the age of your sister? "

"She comes 28 years now."

"28 years now — and she is free? "

"Yes, she is free", antwortete Clency.

Jetzt wurde ich erst richtig neugierig.

"What's the name of your sister?"

"Her name is Shirley; she was the young women what takes out the prickle from your thumb."

Ich erinnerte mich wieder, sie war es die mir den Stachel aus dem Daumen gezogen hatte, nur konnte ich mich nicht mehr genau entsinnen, wie sie aussah.

„O. k. tells your sister I will come tonight."

"I will do", bestätigte Clency.

Bis zum Abend war noch viel Zeit und so beschlossen wir, fischen zu gehen.

Zur Essenszeit gegen 19 Uhr, machte ich mich auf den Weg zu Clencys Elternhaus. In der Hand ein in Geschenkpapier verpacktes Fläschchen Parfüm, das ich noch schnell vorher im nahe gelegenen Drugstore gekauft hatte. Ohne ein Geschenk wollte ich nicht erscheinen, zumal es der Geburtstag von Clencys Schwester war.

Angekommen, wurde ich wie immer freundlich von Clencys Familie begrüßt.

Im Wohnzimmer war der Tisch bereits gedeckt und Papa Doc war dabei, Rum in die bereitstehenden Gläser zu füllen. Außer Papa Doc und Mama Ros' waren noch Schwester Ursula und Bruder Jerome da, eine Arbeitskollegin von Shirley mit ihrem Mann und natürlich Clency. Es war eine kleine festliche Runde und der Abend versprach, sehr unterhaltsam zu werden. Das Geburtstagskind Shirley war in der Küche beschäftigt, von wo her es wahnsinnig gut duftete und mir das Wasser im Mund zusammen lief. Clency füllte die Gläser noch mal mit Rum und Cola auf. Endlich war es dann soweit. Mama Ros' und Shirley brachten das dampfende Essen auf den Tisch, das aus *Briani Poulet, Chopsuey Boeuf, Tomaten Chutney* und *Salade Comcombre* bestand.

Während des Essens fing ich an, Shirley näher zu betrachten. Sie war ca. 1,68 m groß, von kräftiger Statur mit üppigen, wohlgeformten Brüsten und ausgeprägten Hüften. In ihrem hübschen, runden Gesicht befanden sich zwei bezaubernde, große braune Augen, über denen sich fein gebogene Augenbrauen verzierten. Ihre vollen sinnlichen Lippen luden zum Küssen ein. Die kleine breite Nase saß wohlgeformt in ihrem Antlitz. Ihr schwarzes Haar hatte sie zu einem einfachen Knoten zusammengebunden.

Das Essen schmeckte einfach wunderbar und ich ließ es mir nicht nehmen zu fragen:

„Who has cooked all this wonderful tasty food? "

„My sister prepare this food", antwortete Clency.

„Wonderful, it taste really wonderful, compliment to you, Shirley. "

„Merci beaucoup", antwortete sie leicht verlegen.

Im Stillen dachte ich, eine junge Ehefrau zu haben, die nicht nur hübsch aussah, sondern auch noch gut kochen konnte, denn ich liebte gutes Essen, wäre ideal für mich. Bevor ich mich aber festlegen wollte, musste ich sie erstmal näher kennenlernen, denn was nutzt ein gutes Essen, wenn man es nicht verdauen kann.

Nach dem Essen wurde noch ausgiebig getrunken und gequatscht, als Ursula plötzlich von draußen rief, Shirley sollte vor die Tür kommen, sie hätten noch ein Geschenk für sie. Shirley kam der Aufforderung nach, und als sie vor die Tür trat, kippte Jerome einen Eimer Wasser über sie. Ursula entleerte anschließend eine Tüte Mehl über ihren Kopf, sodass sie aussah wie ein gepuderter Pfannkuchen. Bis auf Shirley konnten alle über diesen einfältigen Jux lachen. Shirley musste erstmal duschen und sich umziehen.

Mein Interesse für Shirley war geweckt und ich hatte im Gespräch herausgehört, das sie gerne tanzen ging, so forcierte ich das Gespräch in diese Richtung. Ich machte den Vorschlag, am Wochenende alle zusammen in die Disco zu gehen. Es war einfacher mit einer familiären Gruppe loszuziehen, als mit Shirley alleine, denn sie war ein gesittetes Mädchen, die nicht gleich mit jedem Touristen der da herkam tanzen geht. So nutzte ich den Gruppeneffekt aus, um an sie heranzukommen und näher kennenzulernen. Erst widerwillig, aber durch Zureden der Geschwister, dann doch einverstanden, sagte Shirley der Verabredung zu. Wir legten den Zeitpunkt des Treffens auf Samstag 21 Uhr fest.

Es waren noch fünf Wochen Zeit bis zu meiner Abreise, Zeit genug um Shirley besser kennenzulernen. Ich besuchte Gerlinde, um ihr von Shirley zu erzählen und um ihre Meinung zu hören, weil sie schon viele Jahre nach Mauritius kommt und die Leute hier in Grand-Bay kennt.

Sie war ganz begeistert von Shirley und meinte das wäre genau die Richtige für mich, denn Shirley war schon mal mit einem Franzosen verheiratet, hatte also Erfahrung im Umgang mit Männern und war auch drei Monate in Paris gewesen. Sie wäre nicht so 'n Landei aus der Provinz. Gerlinde sprach mir gut zu und empfahl mir die Sache weiter zu verfolgen, was ich auch vorhatte.

Ich beschäftigte mich schon seit Jahren mit Astro- und Chirologie, deshalb hatte ich mir ein paar Fachbücher für die lange Reise mitgenommen. Ich begann nun die nächsten Tage mich gründlicher mit dem Sternzeichen Fische zu beschäftigen. Las alles, was ich darüber finden konnte, um mehr über Shirleys Charaktereigenschaften zu erfahren. An ihrem Geburtstag sind mir besonders ihre schön geformten Hände mit den knotenfreien, langen, schlanken Fingern aufgefallen, ein Zeichen von sehr feinfühligen, tiefsinnigen, feinen Menschen. In meinem Buch wurden sie als Idealhände dargestellt, was ich als einen wertvollen Hinweis empfand. Irgendetwas in meinem Inneren sagte mir, dass sie für mich die richtige Frau sein würde. Die Tage vergingen, in denen mich Lucie mit ihren Schwestern täglich besuchte und ziemlich gelangweilt bei mir herumsaßen. Ich spürte, dass diese Beziehung bald enden würde. Es war nur noch eine Frage der Zeit, bis es soweit war.
Samstagabend, gegen neun Uhr, holte mich Clency mit seinen Geschwistern von meiner Wohnung ab, von wo aus wir zur Bambou Bar gingen.
Um diese Zeit war die Bar noch nicht so voll und wir fanden ohne Mühe einen freien Tisch, um den wir uns gruppierten. Nachdem wir uns mit Getränken versorgt hatten, ging die Tanzerei auch schon los. Ich forderte Shirley auf und wir tanzten eng beieinander, ohne uns aber zu nahe zu kommen.
Sie war etwas kühl und es bedurfte meines ganzen Charmes, sie aus der Reserve zu locken. Nach einigen Tänzen setzten wir uns wieder an den Tisch und begannen, ein ausführliches Gespräch zu führen. In der Hauptsache redeten wir über unsere gescheiterten Ehen und über unsere Gefühle danach. Da ich mich durch das Lesen meiner Bücher auf sie vorbereitet hatte, traf ich bei vielen Dingen unseres Gespräches genau auf den Punkt. Sie war etwas verwundert, warum ich ihre Gefühle genau verstand. Das Studieren der Bücher war nur ein Hilfsmittel gewesen. Im Grunde genommen hatte

ich es schon immer verstanden Frauen intensiv zu zuhören, ins Detail und damit in die Tiefe eines Gesprächs zu gehen, was sehr anziehend auf Frauen wirkt. So konnte ich damit auch bei Shirley das Interesse für mich wecken. Frauen lieben es, wenn man (Mann) ihnen zuhört.

Gegen Mitternacht hatten wir uns, nach ausgiebigem Amüsement, wieder auf den Heimweg gemacht. Mein Versuch, mich bei Shirley einzuhaken, wurde von ihr schroff abgelehnt. So gut kannten wir uns nun doch noch nicht, dass sie das zugelassen hätte. Ich musste mich mit dem zufriedengeben, was ich am heutigen Abend erreicht hatte. Ich lies aber nicht locker. Als sich unsere Wege trennten, fragte ich sie, ob sie nicht Lust hätte mit mir in den nächsten Tagen, in ein Restaurant ihrer Wahl, essen zu gehen. Es bedurfte meiner ganzen charmanten Überredungskunst, ihr anfängliches Zögern zu vereiteln und sie schließlich einwilligte.

Ein paar Tage später, es war an einem Donnerstag, holte ich Shirley gegen 19 Uhr von ihrem Zuhause ab. Sie hatte ein enges, ärmelloses, orangerot gepunktetes Kleid an, das ihre volle Figur betonte und mir gut gefiel. Ihre Haare hatte sie hochgesteckt frisiert, was sehr reizend aussah. Sie sah sehr hübsch aus und ich war entflammt von ihr.

Wir gingen ein Stück die Royal Road hinunter, bis fast am Ende von Grand-Bay das indische Restaurant „Aventura" in Sicht kam.

Das Restaurant war um diese Zeit noch nicht stark frequentiert, sodass wir problemlos einen Tisch bekamen.

Nachdem wir die Speisekarte eingehend studiert hatten, empfahl ich, ein vegetarisches Gericht zu nehmen. Dazu bestellten wir Roséwein. Als Vorspeise aßen wir indisches Fladenbrot, das mit verschiedenen Chutney Dips serviert wurde. Während wir die schmackhaften Dips aßen, verfielen wir in eine angeregte Unterhaltung, die dazu beitrug, uns näher kennenzulernen.

Der Kellner brachte uns das köstlich duftende Essen, das aus einer mit *Gemüse gefüllten Teigkugel, scharfer Currykokosmilchsoße und Basmatireis* bestand. Wir unterbrachen unser Gespräch, um uns ganz, dem kulinarischen Vergnügen hinzugeben. Ich bestellte zwei Gläser Mangolassi, weil Shirley dieses aus Joghurt und Mangofrucht bestehende, erfrischende Getränk nicht kannte.
Wir hatten zu unserer vollsten Zufriedenheit gegessen und verweilten noch eine ganze Weile am Tisch, um unser Gespräch zu beenden.
Ich bezahlte die vorliegende Rechnung und wir verließen das Restaurant. Anschließend brachte ich Shirley nach Hause, nachdem wir noch ein wenig am Strand, unter Mondschein spazieren gegangen waren. Beim Abschied fragte ich sie, ob wir uns am Sonntagnachmittag treffen wollten, um im Botanischen Garten spazieren zu gehen. Sie willigte ohne lange zu überlegen ein und wir verabredeten uns zu 13 Uhr bei ihr vor der Tür.
Ich hatte einen angenehmen, romantischen Abend mit einer reizenden, jungen Frau gehabt und so konnte ich kaum, den Sonntag erwarten.

Am Sonntagmorgen war ich schon früh wach, weil ich vor Aufregung nicht mehr schlafen konnte. Ich beschloss, in das drei Kilometer weiter entfernte Fondue de Sac zu fahren, um auf dem Markt Gemüse und Obst für die kommende Woche einzukaufen.
Die kleine Ortschaft, die vorwiegend von Indern bewohnt ist, ist jeden Sonntag Treffpunkt kleiner Bauern aus der nächsten Umgebung, die dort ihr Obst und Gemüse auf dem Markt anbieten.
Wer sich früh die Mühe macht dort hinzugehen, hat eine reichhaltige Auswahl an landwirtschaftlichen Erzeugnissen, die man sehr preiswert einkaufen kann. Wie auf allen Märkten in Mauritius, ist auch hier ein Gedränge und Geschiebe, ein Handeln und Feilschen. Es duftet nach gebackenem Brot und frischen Kräutern.

Das Gemüse wird teilweise auf Planen am Boden ausgebreitet. Viele Bauern bringen ihre Kinder mit, die beim Verkauf helfen müssen.
Ein Lastwagen, voll beladen mit Blumenkohl, hielt mitten auf der Straße an und ein Mann, der auf der Ladefläche stand, pries lautstark die frische Ware an. Ein Pulk von Menschen umlagerte den Wagen und das Gemüse fand reißenden Absatz. Die zweispurige Straße war durch den Auflauf teilweise blockiert, sodass der gesamte Verkehr stockte und es zu einem ohrenbetäubenden Hupkonzert kam. Dem Fahrer des Lastwagens blieb nichts weiteres übrig, als sein Gefährt, gefolgt von der Menschenmenge, ein Stück weiter zu fahren, um an einer weniger belebten Ecke den Verkauf wieder aufzunehmen.
Nachdem ich alles gekauft hatte, was ich brauchte, fuhr ich mit dem Bus zurück nach Grand-Bay.
Gegen Mittag bereitete ich ein paar Sandwichs vor, die ich zu meinem Treffen mit Shirley mitnehmen wollte.
Ich schmorte in kleine Streifen geschnittenen Weißkohl und Zwiebel mit Öl in der Pfanne an und fügte ein paar Chilischoten hinzu. Schmeckte das Ganze mit Salz, Pfeffer und Sojasoße ab, fertig war *Sauté Lechou,* dass ich in das vorher ausgehöhlte Baguettebrot füllte. Gut eingepackt verstaute ich alles mit einer Flasche Wasser zusammen in meine kleine Umhängetasche, die ich auf Reisen immer dabei habe.

Pünktlich um 13 Uhr kam ich vor Shirleys Haus an, wo sie schon auf mich wartete.
Wir stiegen in den Bus nach Pamplemousses, dass wir nach kurzer Fahrzeit erreicht hatten.
Es war ein milder, angenehmer Spätsommertag, die Vögel zwitscherten ihre Weisen, die Bienen summten geschäftig von einer Blüte zur anderen.
Wir spazierten eine ganze Weile im Park umher und betrachteten all die schönen, bunt blühenden Blumen. Ich machte Fotos von Shirley und wir un-

terhielten uns wieder über unsere Hobbys und Interessen, unsere Wünsche und Träume.
Wir setzten uns unter einen mächtigen Schattenspendenden Banyan Baum, wo wir uns ein wenig vom Spaziergang ausruhten und den Imbiss, den ich vorbereitet hatte, zu uns nahmen.
Shirley war ganz erstaunt, wie gut mein *Sauté Lechou* schmeckte und gleichzeitig etwas beschämt, weil sie gar nichts für unseren Ausflug mitgebracht hatte.
Wir blieben lange unter dem Baum sitzen und es kam durch die intensive Unterhaltung langsam ein Gefühl von Vertrautheit auf, das uns immer näher zueinander brachte.
Wir gingen noch eine letzte Runde durch den Park, um uns danach dem Ausgang des Gartens zu nähern. Da ich keine Lust hatte, wieder mit einem ruckenden lauten Bus nach Hause zu fahren, zog ich es vor, ein Taxi zu nehmen, die zu dutzenden auf dem Parkplatz standen.
Ich entschied mich für einen mindest dreißig Jahre alten Morris, dessen freundlicher Chauffeur bestimmt doppelt so alt war. Wir nahmen auf der breiten bequemen, mit rotem Kunstleder bezogenen Rückbank Platz, und ließen uns zurück nach Grand-Bay fahren.
Das alte Taxi fuhr nicht schneller als 60 km/h. Ich war mir nicht sicher, ob der Wagen nicht mehr hergab oder der Fahrer nicht schneller fuhr, weil wir ziemlich verliebt aussahen und er uns ausreichend Zeit für die Rückfahrt geben wollte.
Jedenfalls war die Fahrt in dem alten, nicht schnell fahrenden Taxi sehr romantisch, zumal ich so dicht neben Shirley saß, dass sich unsere nackten Arme berührten, was ein ungemein aufregendes Gefühl in mir aufkommen ließ.
Auf der Royal Road hielt der Fahrer an, wir verließen das Taxi und trennten uns mit aufgewühlten Sinnen.
In meinem Quartier angekommen, stellte ich mich erstmal unter die kalte Dusche, um die angestaute

Hitze aus meinem Körper zu spülen. Danach legte ich mich aufs Bett und ließ mir die vergangenen Stunden nochmals durch den Kopf gehen.

Wenig später kreuzte Lucie bei mir auf, mit der ich aber in diesem Moment gar nichts anfangen konnte, zu sehr waren meine Gedanken bei Shirley. Jetzt kam auch noch Clency vorbei und ich hatte die Hütte voll, wo ich doch eigentlich meine Ruhe haben wollte, um im Stillen meine Gefühle zu genießen.

Clency ließ mir von Shirley ausrichten, dass sie gesehen hatte, dass Lucie zu mir gekommen war. Ich war etwas erschrocken und mir wurde klar, dass ich die Beziehung mit Lucie abrupt beenden musste, denn ich hatte mich in Shirley verliebt und wollte sie nicht durch eine Poussage mit Lucie verlieren.

Ich setzte meinen Entschluss auch gleich in die Tat um und ging mit Lucie spazieren, um ihr dabei meine Entscheidung mitzuteilen. Sie war natürlich enttäuscht und ein paar Tränen kullerten über ihr Gesicht, was ich aber nicht allzu ernst nahm. Sie würde sich in kürzester Zeit wieder mit jemand anderen trösten. So beendeten wir im gegenseitigen Einvernehmen unsere nicht sehr tiefe Beziehung. Ich habe sie wenige Tage später mit einem älteren Mann durch Grand-Bay spazieren gehen sehen, der bestimmt nicht ihr Vater war.

Am Nachmittag des folgenden Tages ging ich unter dem Vorwand Clency zu besuchen, zum Elternhaus von Shirley, in der Hoffnung sie dort anzutreffen.

Ich war während meines Urlaubs schon des Öfteren im Haus von Shirleys Eltern gewesen, um mich zu erkundigen ob Clency da wäre, sodass es nichts Besonderes war, das ich wieder mal vorbei kam.

« Bon jour, Clency la même? », fragte ich Mama Ros', die in der Küche stand und Essen kochte.

« Non, non pas la, li vin la, attend ici », gab sie mir freundlich zur Antwort.
« Oui, merci », antwortete ich, als auch schon Shirley aus ihrem Zimmer kam, das sie sich mit ihrer Schwester Ursula und Cousine Lorina teilte.
„Hello Shirley, how are you?", begrüßte ich sie mit einem Lächeln.
„Oh, fine and you?", antwortete sie freudig.
„I'm well, if you like we meet us on the beach?", fragte ich sie leise, denn ich wusste, dass Mama Ros' etwas Englisch verstand und ich nicht wollte, dass sie mitbekommt, was ich mit Shirley redete.
„Yes, I will come after dinner, when I finish the housework, may at 8 o'clock", flüsterte sie mir zu.
„O.k., I wait for you, till later. "
„O.k., till later, by. "
Mit klopfendem Herzen verließ ich das elterliche Haus, gespannt abwartend, bis der Abend sich näherte.
Der Abendhimmel hatte sich, mit den vor Anker liegenden Booten, über der Bucht von Grand-Bay gesenkt und die letzten rötlichen Sonnenstrahlen versanken am Horizont im Meer, als ich ungeduldig am Strand auf Shirley wartete.
Es dauerte nicht lange, der Himmel hatte schon sein unendlich weites Sternenzelt aufgeschlagen und der sichelförmige Mond spiegelte sich in der glatten, ruhigen Oberfläche des Wassers, als sie endlich zu unserem vereinbarten Treffen kam. Wir gingen ein kurzes Stück, als wir uns auf einer kleinen Mauer niederließen. Wir saßen nah zusammen und erzählten uns, was wir tagsüber gemacht hatten.
Das Gespräch wurde immer flacher, bis es gänzlich aufhörte. Wir saßen jetzt einfach beieinander und schauten auf das Meer, dessen besänftigende Ruhe nur durch das leise Säuseln kleiner Wellen unterbrochen wurde. Ich nahm ihre warme Hand in die meine, wir schauten uns in die Augen und fingen an, uns zärtlich zu küssen.

In mir entfachte sich ein Feuer, das sich in meinem ganzen Körper ausbreitete. Mein Herz schlug schneller und in meinem Kopf explodierten lauter kleine Sterne. Ein Sturm von Gefühlen überwältigte mich.

Nach Luft ringend, unterbrachen wir die leidenschaftliche Knutscherei. Wir versuchten, unsere Sinnesreize in Grenzen zu halten, denn hier am Strand bestand nicht die Möglichkeit unsere Erregung auszuleben. Wir beendeten unser frenetisches Techtelmechtel und ich brachte Shirley zurück nach Hause. Wir verabredeten uns für den nächsten Tag zur selben Zeit an gleicher Stelle.

Von meinen Empfindungen aufgewühlt, ging ich zurück in meine Wohnung, um meine Gefühle zur Ruhe kommen zu lassen.

Shirley arbeitete tagsüber als Büglerin in einer Wäscherei, so konnten wir uns in den folgenden Tagen nur in den frühen Abendstunden am Strand treffen. Ich hatte eine Kassette mit Liebesliedern aufgenommen, die meine Gefühle für sie stärker zum Ausdruck bringen sollten. Der prägnanteste Song war „Waiting for a girl like you", von den Foreigner, der ihr mitten ins Herz traf und sie zum Weinen veranlasste, wie sie mir später erzählte.

Damit hatte ich einen weiteren Grundstein unserer jungen Liebe gelegt.

Die allabendliche Abwesenheit von Shirley im Elternhaus war Mama Ros' nicht verborgen geblieben. Da sie sehr klischeehaft ist, stellte sie Shirley zur Rede. Sie machte ihr Vorhaltungen, dass sie sich mit einem Touristen einließ, der sowieso nur Sex wollte und sie vielleicht mit einem Kind im Bauch sitzen ließe.

Das alles erzählte mir Shirley bei unserem regelmäßigen abendlichen Treffen. Wir hatten ein Problem mit ihrer Mutter, das beendet werden musste.

An diesem Abend ging ich nachdenklich in meine Wohnung zurück, sinnend nach einer Lösung suchend. Gedanken kreisten in meinem Kopf und ließen mich nicht schlafen.

Nach stundenlangem, angestrengtem Nachdenken, kam ich zu dem Entschluss, bei ihren Eltern vorzusprechen, um Missverständnisse aus dem Weg zu räumen. Ich wollte Shirley mit nach Deutschland nehmen. Aber ganz so einfach, wie ich es mir vorstellte, war es nun auch wieder nicht. Am nächsten Morgen, ich hatte schlecht geschlafen und fühlte mich todmüde, passte ich Shirley auf ihren Weg zur Arbeit ab, um ihr meine Entscheidung mitzuteilen. Sie war ganz überrascht, mich schon so früh am Morgen zu sehen. Ich begleitete sie zur Arbeit und erzählte ihr währenddessen, dass ich mit ihren Eltern sprechen wollte. Sie sollte eine Zusammenkunft mit ihnen vereinbaren. In meiner Euphorie sagte ich, wenn ihre Eltern mit unserer Verbindung nicht einverstanden wären, würde ich sie kidnappen. Shirley war etwas perplex, dass ich sie kidnappen wollte. Ich sagte damals kidnappen, weil mir das Wort für entführen nicht einfiel und ich es mehr scherzhaft meinte.

Tags darauf kam ein Treffen im elterlichen Haus zustande, bei dem auch Clency anwesend war, der als Dolmetscher fungieren sollte.

Mama Ros' hatte Kaffee gekocht und ein paar Kekse hingestellt. Nachdem ich eine Tasse Kaffee getrunken und einen der leckeren Kekse gekostet hatte, fragte ich Shirleys Eltern, ob sie einverstanden wären, dass ich mit Shirley zusammen wäre. Sie hatten beide nichts dagegen. Eine weitere Frage war, ob sie auch zustimmten, dass ich Shirley nach Deutschland mitnehmen würde. Während Mama Ros' ihren Zuspruch gab, meldete ihr Vater einige Bedenken an. Er glaubte nicht, dass Shirley mit einem Ausländer glücklich werden würde, sei doch schon ihre erste Ehe mit einem Franzosen nach einem Jahr in die Brüche gegangen.

Jetzt kam Clency auf den Plan und hielt Fürsprache für mich. Er sagte, dass er mit mir seit zwei Monaten fast täglich zusammen wäre, mich ganz gut kennengelernt hatte und mich für einen ernsthaften und zuverlässigen Menschen hielt.

Angesichts dieser Achtungserweisung waren die Zweifel von Papa Doc zerstreut und so gab auch er seine Zustimmung.

Somit war die Sache abgemacht und wir konnten uns ohne Einwände der Eltern in der Öffentlichkeit zusammen zeigen.

Nachdem ich noch eine zweite Tasse Kaffee getrunken hatte, verließ ich die familiäre Runde und war froh, die Angelegenheit hinter mich gebracht zu haben.

Ich war jetzt schon über zwei Wochen mit Shirley zusammen, hatte aber immer noch nicht mit ihr geschlafen. Normalerweise bin ich mit einer „Flamme" nach dem zweiten, spätesten dritten Treffen im Bett gelandet, aber mit Shirley war es irgendwie anders. Ich ließ mir einfach mehr Zeit mit ihr, denn in Mauritius tickten die Uhren anders.

An einem Sonntag war es dann aber doch so weit. Shirley kam am Nachmittag zu mir in die Wohnung und nach anfänglichen Küssen, konnten wir nicht mehr mit unseren Gefühlen an uns halten.

Wir entledigten uns unserer Kleidung und suchten das Bett auf. Wie von Sinnen begannen wir, unsere wollüstige Leidenschaft auszuleben. Es war ein Akt prickelnder Erotik und sinnlicher Hingabe. Wir pressten unsere vom Schweiß klatschnassen Körper zusammen und liebten uns, als ob es das Letzte wäre, was wir auf dieser Welt tun durften. Nach einer nicht endenden Liebesorgie fielen wir vorübergehend in einen leichten Schlaf.

Von nun an schlief Shirley, bis zu meiner Abreise, jede Nacht bei mir.

In den folgenden Tagen wurde das Wetter schlechter. Es fing an zu regnen und ein böiger Wind kam auf. In den morgendlichen Nachrichten wurde ein Zyklon der Stärke zwei angesagt, was bedeutete, dass die Kinder nicht zur Schule gehen durften. Der Sturm wurde zunehmend stärker und gegen Mittag wurde durch Radio und Fernsehen bereits Stufe drei mitgeteilt. Ab dieser Warnstufe werden die Einwohner, aufgefordert zu Hause zu bleiben. Es fahren keine öffentlichen Verkehrsmittel mehr. Keine Versicherung haftete für Schäden an Personen, die sich bei dieser Warnstufe im Freien aufhalten. Menschen, die keine Steinhäuser bewohnen, finden Zuflucht in öffentlichen Gebäuden und Kirchen. Man sah nur noch vereinzelt Personen auf der Straße, die sich noch eiligst mit Kerzen und Batterien aus dem Krämerladen nebenan eingedeckt hatten, weil mit Stromausfall gerechnet werden musste.

Am Abend hatte der Zyklon die Stärke vier, auf der bis fünf reichenden Richterskala, erreicht. Der orkanartige Sturm fegte jetzt mit einer Geschwindigkeit von 180 km/h über die Insel hinweg und der prasselnde Regen peitschte über das tosende Meer. Die Palmen bogen sich unter der Kraft des Sturmes und drohten jeden Moment wie Streichhölzer einzuknicken, hielten aber jeder Böe trotzend stand, wie es seit Millionen von Jahren Naturgesetz war. Wellbleche, die es nicht in ihrer Befestigung gehalten hatte, flogen als ein willenloses Spielzeug des Windes durch die Luft, um irgendwann scheppernd am Boden zu landen. Abgerissene, dicke Stromkabel tanzten, Funkensprühend auf dem nassen Asphalt ihren Reigen. Ich saß mit Shirley bei ihren Eltern. Im Kerzenschein spielten wir Karten, aßen *Gadiac*, tranken Rum mit Cola und harrten der Dinge aus die da kommen würden. Die ganze Nacht über heulte der Sturm sein erbarmungsloses Lied und ich hatte das Gefühl das Ende der Welt sei nahe.

Nach einer turbulenten Nacht zog der Sturm am frühen Morgen weiter, der Regen hörte auf, der Wind wurde schwächer und die Sonne kam zum Vorschein.

Ich ging vor die Tür, um die Lage zu peilen.

Mir bot sich ein Bild der Verwüstung. Überall lagen dicke, abgebrochene Äste auf der Straße, kleinere Bäume und Sträucher waren entwurzelt worden.

Strom- und Telefonkabel hingen zerfetzt an ihren Masten herunter. Herrenlose Mülltonnen suchten ein neues Zuhause.

Ich ging wieder ins Haus, um meine Kamera zu holen, weil ich das ganze Desaster auf Film festhalten wollte. Dabei ließ ich mir etwas Zeit, zu viel Zeit, wie ich später feststellen musste. Als ich eine Stunde später wieder auf die Straße trat, war ich total verblüfft, dass von dem ganzen Chaos nichts mehr zu sehen war. Die Mauritianer hatten in einer schnellen, gemeinsamen Aktion die Straßen freigeräumt, sodass schon wieder Busse fahren konnten.

In diesem Moment hatte ich Hochachtung vor den Mauritianern, die in einer solchen misslichen Lage zusammenhalten, wie ein geeintes Volk, was nicht immer der Fall ist.

Es gibt unterschiedlich starke Zyklone. Die einen bewegen sich im Kreise drehend rasch vorwärts und das Geschehen ist in kürzester Zeit vorüber. Andere wiederum bewegen sich nur sehr langsam vorwärts und zermalmen wie Mühlsteine alles unter sich, was sich ihnen in den Weg stellt. Dieser Zyklon dauerte mit kommen und gehen fünf Tage und hatte Mauritius nur am Rande gestreift, sein Zentrum lag weiter draußen auf offener See. Nicht vorzustellen, was der Sturm für Schäden angerichtet hätte, wenn seine Bahn direkt über die Insel verlaufen wäre.

Gott sei Dank gibt es nicht jedes Jahr solche Stürme in dieser Stärke.

Am folgenden Wochenende kündigte sich Ostern an, ein Anlass, zu dem sich die ganze Familie traf, um das hohe christliche Fest zu feiern.

Ich fragte Shirley, ob sie schon mal was vom Osterhasen gehört hatte, der bekanntlich die Schokoladeneier brachte und für die Kinder versteckte. Sie kannte zwar die Tradition des Eier suchen, vom Osterhasen hatte sie aber noch nie etwas gehört. Da sie noch nie in ihrem Leben das Suchen nach Schokoladeneiern mitgemacht hatte, weil Schokolade in Mauritius eh Luxus und besonders Ostereier für den Durchschnittsmauritianer unerschwinglich waren, machte ich den Vorschlag, Schokoladeneier für die Kinder im Hof zu verstecken. Die Ostereier besorge ich, verstecken musste sie Shirley, die auch ihre Geschwister anrief, damit sie mit ihren Kindern am Ostersonntag vorbei kommen sollten.

Als Festessen sollte es Kaninchen geben, was ich mir gewünscht hatte. Einem Nachbarn, der sich ein paar Karnickel hielt, um sie an solchen Festen für kleines Geld abzugeben, kauften wir zwei Stück ab. Er brachte uns die zwei lebenden, Hasen in einem Korb vorbei. Beim Anblick der Karnickel brachte ich es nicht übers Herz die kleinen Viecher zu killen, sodass Papa Doc diese blutige Arbeit übernehmen musste.

Während Shirley ein wunderbares *Salmi Lapin* daraus zubereitete, suchten die Kinder aufgeregt im Hof nach den versteckten Eiern.

Sie rannten wie verrückt hin und her, weil sie so etwas noch nie erlebt hatten. Ich musste den einen oder anderen Tipp geben, wo die Eier versteckt waren, sonst würden sie heute noch da liegen, oder was wahrscheinlicher wäre, von Ameisen aufgefressen. Wir Männer hatten uns einen kleinen Tisch und Stühle aus dem Haus geholt und sie unter dem mächtigen Tamarinbaum gestellt, der uns mit seiner ausladenden Krone großzügig Schatten spendete, um in entspannter Atmosphäre ein paar Rum mit Cola zu uns zu nehmen. Shirley brachte uns ein bisschen *Gadiac,* mit dem wir die Zeit bis zur Hauptmahlzeit überbrückten.

Lieblingsthema der Männer war Fußball und es ging immer um Liverpool und Manchester, welches wohl das bessere Team wäre. Ein fortwährendes Dauerthema unter den mauritianischen Männern.

Die Kinder hatten alle Eier gefunden und waren freudig erregt, so viel Schokolade in ihren Plastiktüten zu haben. Zwischenzeitlich war auch das Essen fertig, was bis nach draußen herrlich duftete. Jeder nahm seinen Stuhl und machte sich auf ins Wohnzimmer, wo der Festschmaus bereits auf dem Tisch stand. Es wurde ausgiebig gegessen, getrunken, gequatscht und gelacht. Ein Osterfest, wie ich es selten Mal erlebt hatte und mir in besonderer Erinnerung bleiben sollte.

In der folgenden Woche wollte mich Shirley ihrer vier Jahre älteren Schwester Patricia vorstellen. So fuhren wir an einen sonnigen Nachmittag in das fünf Kilometer weiter entfernte Dorf Cap Malheureux (Unglückskap), wo ihre Schwester mit Ehemann Ameen und ihrem Sohn Asif in einem einfachen Haus wohnten.
Das ärmliche Dorf, in dem überwiegend Moslems leben, hat außer einer fotogenen Kapelle, keine weiteren Sehenswürdigkeiten. Bekannt wurde es, weil hier 1810 die siegreiche englische Armee an Land ging.
Patricia ist das schwarze Schaf oder der Rebell in der Familie, kommt darauf an, wie man es betrachtet. Sie hatte es sich erlaubt, sich in einen Moslem indischer Herkunft zu verlieben. Ihn gegen den Willen ihrer Eltern zu heiraten und war aus diesem Grund zum Islam konvertiert. Sie wurde seitdem von ihrer Familie gemieden, bis auf Shirley, die immer zu ihr gehalten hat.
Patricia ist das beste Beispiel wie die Mauritianer zusammenleben. Es ist kein Miteinander, sonder ein nebeneinander. Es wird nicht geduldet und strikt abgelehnt, dass sich Menschen verschiedener Kulturen verheiraten. Es gleicht einem Verbrechen, das gleich hinter Mord kommt. Es ist daher nicht selten, dass verliebte Jugendliche an der Intoleranz der traditionsbehafteten Eltern verzweifeln und sich gemeinsam das Leben nehmen.
Patricia hatte damals den Mut, mit Ameen durchzubrennen. Sie fanden Unterschlupf bei ihrem Chef, einem Franzosen, der Besitzer einer Textilfabrik war. Er gewährte ihnen zwei Wochen Unter-

kunft. Danach wohnten sie bei einer indischen Familie.

Ameen hatte von seinem Vater ein kleines Stück Land geerbt, auf dem sie sich ein bescheidenes Haus gebaut hatten, das längst noch nicht fertig war. Die Toilette hatte noch kein fließendes Wasser und außen war das Haus noch nicht verputzt. Aber in Mauritius ist es üblich, dass immer nur weiter gebaut wird, wie Geld vorhanden ist, und so vergehen Jahre, bis der Traum vom fertigen, eignen Haus in Erfüllung geht.

Patricia war mir auf Anhieb sympathisch. Sie war eine sehr liebe und großzügige Frau, sprach ein wenig Englisch und so konnten wir uns unterhalten und kennenlernen. Sie macht seit einigen Jahren den Bungalow für eine Französin sauber, den sie an Touristen vermietet. Ihr Mann Ameen arbeitet als Gärtner in dem großen „Le Grand Gaube Hotel". Mit ihrem gemeinsamen Einkommen können sie sich keine großen Sprünge leisten, haben aber ihr Auskommen.

Ameen zeigte mir das Grundstück, auf dem etliche Bananenstauden angepflanzt waren und an denen sich schon kleine Bananen zeigten. Eine Kokospalme, die vor dem Haus stand, trug reichlich Nüsse. Ameen holte mit einer langen Eisenstange einige herunter, um sie auch gleich mit einer Machete zu öffnen und mir den frischen Kokossaft direkt aus der Nuss anbot. Der Saft war sehr erfrischend und schmeckte köstlich.

Patricia hatte inzwischen ein Essen zubereitet. Es gab *Fricascé Lentille noire et Satini Poisson salé*. Ich hatte noch in meinem Leben getrockneten Fisch gegessen und war völlig überrascht, wie vortrefflich es schmeckte. Als Beilage gab es *Tomaten Chutney*. Es war eine einfache, aber wohlschmeckende Mahlzeit. Nachdem wir abschließend noch eine Tasse Kaffee getrunken hatten, machten wir uns wieder auf den Weg. Patricia und Ameen brachten uns noch zur nahe gelegenen

Bushaltestelle, von wo aus wir mit dem letzten Bus nach Grand-Bay fuhren.

Der Tag meiner Abreise rückte näher. Es waren nur noch zwei Wochen, bis ich die Heimreise antreten musste. Ich machte mir Gedanken, wie es sein würde, wenn ich Shirley nicht mehr jeden Tag sah. Sie mit nach Deutschland zu nehmen wäre natürlich das Beste gewesen, aber ganz so einfach war das nicht. Um ein Visum für sie zu bekommen, musste sie eine Einladung aus Deutschland vorweisen, mit dem Stempel der Meldebehörde. Das konnte ich nur selber veranlassen, wenn ich wieder in Berlin war. Aus diesem Grunde war es nicht möglich sie sofort mitzunehmen. Ich grübelte darüber, ob die Beziehung schon fest genug war, dass sie eine monatelange Trennung aushalten würde.
Dass es einige Zeit dauern würde, bis der Papierkram erledigt war, war mir von vornherein klar. Es konnte in der Zwischenzeit viel passieren. Wenn man sich erstmal aus den Augen war, konnte man den Anderen schnell vergessen.
Ich wollte mit Shirley zusammenbleiben, koste es, was es wolle.
Es waren sechs Jahre seit der Trennung von meiner ersten Frau vergangen. Sechs Jahre, in denen ich auf der Suche nach einer neuen Partnerin war, es sich außer einigen Liebeleien, nichts Ernsthaftes ergeben hatte. Wenn man zu lange allein bleibt, wird man eigenbrötlerisch und halsstarrig. Ich hatte aber keinen Bock als eigensinniger, vergrämter alter Mann zu sterben. Ich hatte Lust auf eine junge Frau, Lust auf Shirley. Dass sie 15 Jahre jünger war, störte mich dabei am wenigsten. Ich hatte jetzt die Möglichkeit aus meinem Singledasein auszubrechen und diese Gelegenheit wollte ich nicht verpassen. Ich wollte Nägel mit Köpfen machen und so entschloss ich mich, entgegen all meinen Grundsätzen, mich zu verloben. Eine Verlobung war in meinen Augen Klischee und nie ein

Thema für mich gewesen. Hier aber in Mauritius hatten die alten Werte noch Bestand, und wenn man erstmal verlobt war, stand die Beziehung auf ein relativ sicheres Fundament. Dieses Fundament wollte ich mit einer Verlobung schaffen.
Ich unterbreitete Shirley meinen Vorschlag, uns zu verloben und sie willigte freudig ein.
Wir legten den Termin auf einen Samstag fest.
Meine Reisekasse wies noch etwas Bargeld auf und so konnte ich die Finanzierung für das Essen und Trinken übernehmen.
Natürlich braucht man für die Verlobte auch einen Ring und so bin ich alleine nach Port-Louis gefahren, um für Shirley einen schönen goldenen Ring mit einem Zirkonia zu kaufen. Bei dieser Gelegenheit hatte ich mir selbst auch einen silbernen Ring als Andenken an diesen Tag gekauft.
Am Freitagabend fingen Shirley und ich an, das kalte Buffet vorzubereiten. Wir brieten den Fisch, marinierten das Hühnerfleisch, putzten den Salat, schälten die Kartoffeln und Möhren, kochten Nudeln und Reis. Die Vorbereitungen dauerten bis zum Nachmittag des folgenden Samstages. Zwischendurch rief Shirley ihre Geschwister, Freunde und einige Verwandte an, um sie zur Feier einzuladen. Ich lud meinerseits meine alten Bekannten Jürgen u. Gerlinde ein, wobei Gerlinde mir noch einen wichtigen Hinweis im Laufe der Zeremonie geben sollte. Gegen Abend waren ca. 40 Gäste anwesend und wir konnten das kalte Buffet eröffnen.
Nachdem sich alle den Bauch vollgeschlagen hatten, konnte die eigentliche Verlobungszeremonie beginnen. Da ich so etwas noch nie gemacht hatte, war ich entsprechend aufgeregt. Vorsorglich hatte ich mir bei Patricia noch einige Tipps geholt, in Bezug des Ablaufs dieser Zeremonie.
Es wurde jetzt ein Tisch vorbereitet, auf dem eine riesige Torte positioniert wurde. Clency holte ein paar kalte Flaschen Sekt aus dem Kühlschrank und stellte sie ebenfalls auf den Tisch. Jetzt wurde

nur noch nach einem Messer gesucht, mit dem der Kuchen angeschnitten werden konnte, was nach einigen Minuten auch endlich eintraf.
Ich forderte Shirleys Eltern, Clency und Patricia auf, an den Tisch zu kommen, damit wir die Zeremonie beginnen konnten.
Vor den versammelten Gästen nahm ich Shirley bei der Hand und fragte laut ihre Eltern:
„Mama Ros', Papa Doc, I want to get engaged your daughter Shirley, you give me the permit? "
„Yes", antwortete Mama Ros' mit kichernder Stimme.
Ich wandte mich jetzt zu Shirley, nahm ihre Hand und steckte ihr den Ring an den Finger, wobei ich zu ihr sagte:
„My lovely Shirley, I promise you, I will marry you in Germany. "
Die Gäste klatschten Beifall und riefen laut:
„Gros bisou, gros bisou, gros bisou", worauf wir uns einen großen Kuss gaben.
Ich begann den Kuchen anzuschneiden, der symbolisch das neue Leben des Paares versüßen sollte, als Gerlinde rief:
„Ihr müsst euch aber noch mal küssen!"
„Noch mal küssen? ", antwortete ich aufgeregt.
„Ihr müsst euch gegenseitig ein Stück Kuchen in den Mund stecken", rief sie mir erneuert zu.
„Ah, danke Gerlinde", antwortete ich daraufhin.
„Aber nicht das ganze Stück", sagte sie lachend.
„She must eat all", gab ich lachend zurück.
Wie besagt, steckte ich jetzt Shirley ein kleines Stück Kuchen in den Mund und sie mir ebenfalls und es folgte abermals ein dicker Kuss.
Shirley war verwundert, wie sie mir später erzählte, dass ich diese Sitte kannte und mehr Mauritianer war als mancher Mauritianer.
Patricia schnitt jetzt den Kuchen auf, um ihn an die Gäste zu verteilen, während dessen öffnete Clency den Sekt, goss ihn in die bereitstehenden Gläser und verteilte ihn ebenfalls an die Gäste. Nachdem

alle ein Glas Sekt bekommen hatten, wurde gemeinsam auf unser Glück angestoßen.
Etwas nass geschwitzt vor Aufregung, war ich froh, die Sache hinter mir gebracht zu haben.
Ich setzte mich jetzt entspannt hin und nahm ein paar Cola mit Rum zu mir, was ungemein zu meinem Wohlbefinden beitrug. Gegen ein Uhr Nachts verließen die letzten Gäste das Fest.
Shirley, Patricia und ich räumten noch etwas auf, um anschließend todmüde ins Bett zu fallen.

Wenige Tage vor meiner Abreise hatte ich noch die Gelegenheit einer kreolischen Hochzeit beizuwohnen. Eine Cousine von Shirley feierte ihre Hochzeit und hatte Shirley samt ihrer Familie eingeladen. Am Wochenende sollte die Feier stattfinden. Wir sagten natürlich zu und waren gespannt auf das festliche Ereignis.
Am Freitag war es dann so weit. Shirley und ich zogen uns schick an und fuhren mit der Familie gemeinsam in einem extra gecharterten Bus nach Port-Louis, wo die Brautleute einen großen Saal angemietet hatten.
Wir kamen gegen sechs Uhr am frühen Abend an. Der Saal war schon zur Hälfte mit ca. 150 Gästen gefüllt und es strömten immer mehr festlich gekleidete Leute hinein. Ich war erstmal damit beschäftigt, den Anwesenden als Verlobter von Shirley vorgestellt zu werden. Ich schüttelte unzählige Hände und küsste vielen schönen Frauen die Wangen, wie es in Mauritius Sitte ist.
Nach dieser traditionellen Begrüßung setzten wir uns an einen freien Tisch und ich begann, die bunte Gesellschaft zu betrachten.
Unzählige Kellner schleppten riesige Tabletts, auf denen sich eine Vielzahl von Getränken befand, die sie an die Gäste verteilten. Gleichzeitig schwirrten hübsche Kellnerinnen umher, die ebenfalls Tabletts herumreichten, die voll mit *Gadiac* waren. Da ich ziemlichen Hunger hatte, langte ich ordentlich

zu. Die Snacks schmeckten köstlich, nur das Bier hätte ein wenig kühler sein können.

Jetzt traf auch das Brautpaar ein und die Musiker fingen an, den Hochzeitsmarsch, zu spielen. Unter dem Beifall der Gäste, die jetzt auf ca. 300 angestiegen waren, durchschritten sie den Saal in Richtung Hochzeitstafel, die am Ende des Saales aufgebaut war. An dem pompösen Tisch, der festlich ausgeschmückt war und auf dem sich ein riesiger, doppelstöckiger Hochzeitskuchen befand, nahmen vornehmlich das Brautpaar, deren Eltern und die Blumenkinder Platz. Verwandte und Bekannte zogen jetzt an dem Paar vorbei, um ihre Geschenke oder das Kuvert mit Geld zu überreichen und mit einem Glas Sekt auf ihre gemeinsame Zukunft anzustoßen. Diese Zeremonie dauerte ungefähr eine Stunde, in der ich schon mein fünftes Glas Bier getrunken hatte.

Die Stimmung wurde durch den anhaltenden Alkoholkonsum gelöster, die Stimmen immer lauter. Es war jetzt ein mannigfaches Durcheinander von schrillem Lachen, aufgeregten Gesprächsfetzen und lautem Kindergeschrei.

Das Brautpaar war jetzt in der Pflicht, durch den ersten Tanz, traditionell ein Walzer, den vergnüglichen Teil des Abends zu eröffnen. Die Gäste standen Spalier und klatschten rhythmischen Beifall. Nachdem Walzer wurde, die einheimische Segamusik gespielt. Eine einfache Musik, die im Prinzip auf einem Basslauf basiert, der sich ständig wiederholt, drei Gitarrenriffs und einem bodenständigen Schlagzeug, das den Takt vorgibt. Es ist die Musik, die allen Mauritianern in den Körper fährt. Wie auf Kommando kamen, ob jung oder alt, alle auf die Tanzfläche und fingen an, ekstatisch ihre Hüften zu schwingen und sich kreisend umeinander zu drehen. Es ist der Tanz des Kokettierens. Männer wie Frauen lassen ihren Sex beim Tanzen heraus, jeder zeigt durch die Bewegungen, was er für den Anderen empfindet. Dem Tanz haftete et-

was Obszönes an, was ungemein zur Erhöhung der Stimmung beiträgt.
Es ist nicht zu vergleichen mit den Segashows in den großen Hotels. Diese Tanzerei unter den Mauritianern hat ihre ganz eigene Besonderheit. Diese Schwingungen wirkten auf mich wie eine geballte Ladung Emotionen, denen ich erlegen war.
Ich nahm Shirley bei der Hand und begab mich zur völlig überfüllten Tanzfläche, um mit ihr enthusiastisch abzutanzen. Die Stimmung steigerte sich zu einem ausschweifenden Rausch. Nach einer verzückten halben Stunde war ich total durchgeschwitzt und musste das euphorische Vergnügen erst einmal unterbrechen.
Clency winkte uns an die Bar, wo wir ein weiteres Bier zusammen tranken.
Die Musik ebbte langsam ab und die Tanzfläche leerte sich. Es folgte Teil zwei der Feierlichkeit.
Das Brautpaar wurde jetzt abwechselnd mit den Familienangehörigen fotografiert. Geduldig lies das junge Paar diese Prozedur über sich ergehen. Auch Shirley und ich waren gefragt. So ließen wir uns gemeinsam mit Cousin und Cousine ablichten.
Anschließend spielte wieder die Musik auf und es wurde, wie gehabt, weiter getanzt und sich amüsiert.
Die Kellner rannten immer noch mit ihren *Gadiac* gefüllten Tabletts umher, um es an herumstehende Gäste los zu werden. Die Stimmung war ausgezeichnet und steigerte sich mit jeder Stunde mehr zu einem rauschenden Fest.
Jetzt folgte der letzte Teil der Festlichkeit, die schon bekannte Kuchenzeremonie. Wieder fotografieren und filmen aus allen Blickwinkeln. Die Kellner verteilten Sekt und den Kuchen. Anschließend wurde bis zum Ende des Festes weiter getanzt, was gegen 23 Uhr eingeläutet wurde. Wir verabschiedeten uns von Verwandten und Bekannten, bekamen noch ein paar Stücken Kuchen

in die Hand gedrückt und zurück ging es nach Grand-Bay.

Jetzt war er da, der Tag der Abreise. Ich musste die schöne Insel nach über drei Monaten Aufenthalt verlassen, ohne Shirley.

Der Flieger ging erst am frühen Abend und so hatte ich genügend Zeit meine Sachen zu packen und mich von Shirleys Familie zu verabschieden. Sie wünschten mir alle eine gute Reise und ich versprach bald wieder, zu kommen.

Gegen 16 Uhr war es dann soweit. Ich verstaute mein Gepäck im Kofferraum des bestellten Taxis und fuhr mit Shirley zusammen zum Flughafen. Auf der Fahrt redeten wir nicht viel. Wir hielten unsere Hände und genossen die letzte Stunde unseres Zusammenseins. Wir wussten, dass es eine ganze Weile dauern würde, bis wir uns wieder sehen.

Am Flughafen angekommen, schnappte ich mir einen Trolley, lud mein Gepäck darauf und begab mich zum Abfertigungsschalter. Shirley musste in der Vorhalle warten, weil es den Mauritianern nicht erlaubt ist, die Abfertigungshalle zu betreten.

Als ich mein Gepäck auf die Waage schob, kam die Frau vom Bodenpersonal etwas ins Schleudern. Meine Koffer und Taschen hatten doch tatsächlich 60 kg Gewicht, statt der erlaubten 20 kg. Sie lächelte mich freundlich an und fragte mich, ob ich denn Korallen in den Koffern hätte?

Nein, sagte ich, nur ein paar Flaschen mauritianischen Rum, worauf sie lachen musste. Trotz alledem gab sie mir einen Zettel und forderte mich auf, wenigstens 20 kg Übergewicht zu bezahlen. Mit dem Papier machte ich mich auf den Weg zu einem anderen Schalter. Dort saß ein älterer Herr, der einen geübten Blick auf den Zettel warf. Kurz mit seinem Rechner spielte und mir mitteilte, dass ich 20.000 Ruppies, was damals etwa 500 DM waren, zu bezahlen hätte. Das fand ich dann doch ein bisschen heftig und ich war nicht bereit diese Summe zu berappen, zumal eh Ebbe in meiner

Reisekasse war. Ich nahm den Zettel wieder an mich und bin zurück zum Abfertigungsschalter, wo ich der Frau mitteilte, dass ich über kein Bargeld mehr verfüge und einen Koffer hier lassen müsste. Jetzt war sie gar nicht mehr so freundlich zu mir, denn das Gepäck befand sich bereits auf dem Laufband und war nicht mehr zurückzuholen. Sie fauchte mich an, dass ich gefälligst das nächste Mal die vorgeschriebenen 20 kg einhalten sollte, und ließ mich gehen. Ich freute mich über die gesparten 500 DM und den mauritianischen Rum.

Jetzt ging ich ein letztes Mal in die Vorhalle, um mich endgültig von meinem Schatz zu verabschieden. Wir nahmen uns noch einmal in die Arme, küssten uns lange und innig und das war's dann und musste für die nächsten Monate reichen.

Ich begab mich zur Passkontrolle, wo der Officer verblüfft feststellte, dass mein Visum seit drei Monaten abgelaufen war. Ich erzählte ihm im Telegrammstil mein Gastspiel bei der Immigration, worauf er gar nichts erwiderte, mir den Ausreisestempel in den Pass drückte und mich gehen ließ.

Ich drehte mich ein letztes Mal nach Shirley um, warf ihr drei Luftküsse zu, um anschließend im Wartebereich zu entschwinden.

Nach 15 Stunden Flugzeit war ich wieder im heimatlichen Berlin gelandet.

In meiner Wohnung angekommen, saß ich erstmal völlig konsterniert in meinem Wohnzimmer und fragte mich, wo ich die letzten drei Monate gewesen war? War es nur ein Traum oder war es Wirklichkeit gewesen?

Ich brauchte eine Woche, um mich allmählich wieder an das Leben in Berlin zu gewöhnen. Zu groß ist die kulturelle Kluft zwischen Berlin und Mauritius.

Aber ich hatte ein Ziel vor Augen und das Ziel war, Shirley nach Berlin zu holen. Und so begann ich alle Wege zu gehen, die dafür erforderlich waren.

Als Erstes schickte ich ihr die benötigte Einladung, machte aber, weil ich keine Erfahrung in diesen

Dingen hatte, den ersten Fehler. Ich schrieb, dass ich Shirley nach Berlin einlade, um sie zu heiraten. Jetzt verlangte die deutsche Botschaft ein Aufgebot und damit begann ein langer Weg durch die Institutionen. Da wir beide schon mal verheiratet gewesen waren, mussten wir alle Urkunden, angefangen von Geburts-, Heirats-, bis Scheidungsurkunden, vorlegen. Natürlich alle mit Apostille versehen und natürlich vom Deutschen ins Englische übersetzt und umgekehrt. Es war eine Lauferei von A nach B und von B wieder nach A, ein hin und her. Mauritius liegt ja auch nicht mal eben um die Ecke, sodass sich das mit dem Briefverkehr immer tagelang hinzog.

Zwischendurch war ein Brief mit Dokumenten nach den Komoren geschickt worden und ich alle Dokumente neu beantragen musste. Manchmal war ich am Verzweifeln, weil immer noch ein Papier gebraucht wurde und ich dachte, das wird nie klappen.

Zwischenzeitlich haben wir uns nur am Telefon gesprochen, um einen verbindlichen Kontakt aufrecht zu erhalten. Wie meine Telefonrechnungen aussahen, können Sie sich sicherlich vorstellen. Die Telekom war begeistert!

Sollten Sie jemals das Glück haben eine Frau oder Mann, im nicht europäischen Ausland, kennenzulernen und die Absicht haben diese Person nach Deutschland zu holen, um sie zu heiraten, schicken Sie eine ganz normale Einladung für ein Touristenvisum. Erwähnen Sie kein Wort vom Heiraten. Wenn Ihre Liebe erstmal hier ist, nehmen Sie sie bei der Hand und machen mit ihr einen Kurzurlaub in Dänemark. Quartieren sich eine Woche in einem Hotel ein, gehen aufs Rathaus des Städtchens und schließen dort ganz unproblematisch die Ehe mit ihr. Alles was sie brauchen, sind ihre Geburtsurkunden und ihre gültigen Reisepässe. Die dänischen Behörden sind da ganz unkonventionell. Sie schonen Ihre Nerven und sparen eine Menge Zeit und Geld. Sind sie erstmal verheiratet,

ist es kein Problem in Deutschland eine Aufenthaltsgenehmigung zu bekommen.
Es war ein Donnerstagnachmittag, als das Telefon klingelte. In der Leitung war Shirley, die mir mitteilte, dass sie ihr Visum bekommen hat und am Samstag in Berlin ankommen würde.
Ich konnte es nicht fassen und musste mich erstmal hinsetzen. Nach sechs langen Monaten Unermüdlichen rotieren und ich es kaum noch zu hoffen wagte, war es endlich geschafft, Shirley kommt! Ich machte vor Freude einen Luftsprung.
Am Samstag bin ich mit einem großen Blumenstrauß zum Flughafen gefahren, um meinen Schatz abzuholen. Der Flieger hatte Verspätung und ich musste noch ungeduldig zwei Stunden warten. Ich hatte sechs Monate gewartet, da kam es jetzt auf die zwei Stunden auch nicht mehr drauf an.
Als sie endlich mit ihren hübschen Rasterlocken vor mir stand, fielen wir uns glücklich in die Arme.
Zwei Wochen später, ließen wir uns vor dem Standesamt Schöneberg trauen.
Trauzeugen waren, wie sollte es auch anders sein, Jürgen u. Gerlinde.
Anne, eine langjährige Freundschaft, übersetzte den ganzen Wortlaut der Hochzeitszeremonie ins Französische.
Gefilmt hat das Ganze meine Bekannte Doris.
Die Fotos machte meine Freundin Stephanie.
Die kleine Hochzeitsfeier fand im Kreise meiner Familie und Freunde statt.
Kurioserweise, war damals Jean mit einem Geschäftsfreund in Berlin. Wir ließen es uns nicht nehmen, sie ebenfalls zur Feier einzuladen.
Zwei Monate später erhielt Shirley eine befristete Aufenthaltsgenehmigung, die anschließend in eine unbefristete umgewandelt wurde.

Nachwort

Jetzt haben wir 2014. Ich sitze hier und überarbeite zum wiederholten Male mein Buch.

Wir sind jetzt 17 Jahre verheiratet und lieben uns mehr denn je.

Täglich plagt mich die Sehnsucht nach der Insel.

Ich werde wieder mit Shirley auf die Insel fahren, um zu sehen wie es der Familie geht.

Wir werden unser Stück Land mit dem kleinen Häuschen anschauen und überlegen, was wir als nächstes in Angriff nehmen.

Bis jetzt steht nur der Rohbau mit einem Wellblechdach drauf und einem Rolltor davor.

Türen und Fenster sind eingebaut, die aber teilweise erneuert bzw. sicherer gemacht werden müssen. Aber das Wichtigste haben wir dieses Jahr bekommen – Wasser und Strom!

So haben wir die Grundlage geschaffen, unabhängig von Anderen, das Haus Stück für Stück fertig zu bauen.

Als Nächstes lassen wir uns von Shirleys Bruder eine Abwassergrube bauen und das Badezimmer, so weit wie es geht, fertig stellen.

Mein Ziel ist es, ein bescheidenes aber bewohnbares Haus auf Mauritius zu haben und ich glaube, es ist auch Shirley Wunsch.

Es ist Zeit vergangen, vieles hat sich verändert, wesentliches ist geblieben, unwesentliches ist verschwunden. Ich bin immer noch da.

Glossar

Fotos S. 10
OB: Waterfront (Caudan)
LM: Straßenmarkt in Port-Louis
RM: Gemüsehändler in der Markthalle
UN: Waterfront

Fotos S. 22
OB: Berge vor Port-Louis
LM: Cascade von Chamarel
RM: Seven Colours of Mauritius (Chamarel)
UN: George River National Park

Fotos S. 52
OB: île aux cerfs
LM: Festumzug der Tamilen
RM: Kapelle von Cap Malheureux
LM: Regenbogen über Grand-Bay
RM: Rochesterfall
UN: Bucht von Grand-Bay

Fotos S. 70
OB: Sonnenuntergang in Mont Choisy
LM: Wasserlilien Pamplemousses (Bot. Garten)
RM: Strand von Trou aux biches
LM: Schwertfisch „Blue Malin"
RM: Altar der Hindus in Mont Choisy
UN: Blühendes Zuckerrohr

Ergänzend zu diesem Buch ist ein weiteres Werk von Bernhard Ka in Zusammenarbeit mit seiner Frau erschienen.
Gemeinsam haben sie alte créolische Kochrezepte zusammengetragen und ihre einfache Zubereitung, auf Shirleys Art, beschrieben.
Wenn sie exotisches Essen lieben, gerne scharf und würzig essen, ist das genau die richtige Lektüre für sie.
Ein Buch, das ohne großartige Fotomontagen auskommt und durch seinen Inhalt zu überzeugen weiß. Ein Kochbuch für Hobbyköche und die Jenigen, die es werden wollen.

100 Seiten broschiert 7,90 €